ITALIANO ESSENZIALE 01

이탈리아어 문법 I

A1-B2

ITALIANO ESSENZIALE 01

이탈리아어 문법 I

조성윤 지음

HU:iNE

머리말

Prefazione

이 책은 한국외국어대학교 이탈리아어과의 통합 교재 중 한 권이지만 이탈리아어를 배우려는 모든 사람을 위해서 기획하였습니다.

오늘날 이탈리아어는 세계의 많은 사람들이 소통을 위해 배운다는 점에서 중요한 언어 중 하나입니다. 2014년 이탈리아 외무성의 통계 자료는 이탈리아어가 세계에서 4번째로 많은 사람이 사용하고 있으며, 페이스 북에서 8번째로 많이 사용되는 언어라고 합니다. 또한 2012년 EU의 유럽 언어에 대한 연구와 통계에 따르면 이탈리아어는 모국어를 제외한 제 2외국어로서 유럽에서 두 번째로 많이 배우는 언어라고 합니다. 이탈리아어는 이처럼 많은 사람들이 관심을 가지고 배우는 언어이며, 전 세계 약 150여개 이상의 대학에서 심층적으로 연구되고 다뤄지기도 합니다. 따라서 우리는 이탈리아어를 통해 많은 사람들과 소통할 수 있다고 생각합니다.

이탈리아어를 배운다는 것은 다른 언어를 배우는 것처럼 삶을 바라보는 관점을 확장시켜주며, 우리 스스로에 대해서 생각해보게 합니다. 오늘 날 많은 사람들이 통번역 프로그램에 대해서 이야기하지만 언어는 인간의 생각을 표현하는 매체이며, 이를 배우는 과정은 반대로 생각의 힘을 길러줍니다. 그래서 이탈리아어를 배우는 것은 새로운 삶을 바라보는 기회가 된다고 할 수 있습니다.

오늘날 이탈리아어는 다양한 분야에서 사용되며 이는 새로운 가능성을 확장하는 도구이기도 합니다. 이탈리아어는 문화 분야의 가장 중요한 언어 중 하나입니다. 이탈리아어는 단테, 페트라르카, 보카치오의 문학 작품에서 기술되었던 피렌체의 방언에 기원을 두고 있습니다. 각국 언어는 효율적 통치의 수단을 목적으로 국가의 수반이 사용하던, 혹은 수도의 언어를 기반으로 탄생했지만 이탈리아어는 예술작품을 통해 탄생한 유일무이한 예술적 언어입니다. 이처럼 아름다운 이탈리아어는 오늘날 한국에서도 오페라, 연극뿐만 아니라 음악, 회화, 조각과 건축 용어로도 널리 사용되고 있습니다.

이탈리아어는 문화 분야뿐만 아니라 다른 분야에서도 많이 사용됩니다. 패션과 디자인, 기초과학, 종교, 경제 및 경영, 지역학과 외교 분야 등에서 한국과 이탈리아의 관계는 지속적으로 증가하고 있으며, '메이드 인 이탈리아(Made in Italy)'로 알려진 이탈리아의 산업과 연계해서 여러 분야 업무에도 도움을 줄 수 있습니다. 한국과 이탈리아를 이어주는 가교로서 이탈리아어에 대한 관심을 앞으로도 늘어날 것입니다. 또한 이탈리아어를 배운다는 것은 여러 분야의 종합적 이해와 가치를 배우며 오늘날 우리가 마주하는 초연결사회의 변화 속에서 각자가 탐색하는 분야의 경계와 관점을 확장해나가는 데에도 도움이 될 것입니다.

여러분은 어떤 이유로 이탈리아어를 배우려고 하나요? 이 책은 문법, 회화, 어휘, 이탈리아의 텍스트와 배우는 언어를 습관으로 만들어주기 위한 연습 문제로 구성되어있는 시리즈 중 한 권입니다. 그리고 이 같은 점은 이탈리아어를 종합적이고 입체적으로 가장 효율적으로 배워나갈 수 있도록 한국외국어대학교 이탈리아어과의 여러 분야의 전문가들이 고심하고 기획한 책입니다. 우리는 진심으로 독자 여러분에게 이 책이 많은 도움이 되기를 희망합니다.

마지막으로 이 책이 나오기까지 많은 도움을 주신 학과 교수님들과 지식출판콘텐츠원의 관계자 분들에게도 감사드립니다.

목차

Indice

ITALIANO ESSENZIALE 01

이탈리아어 문법 I

01

ALFABETO ITALIANO

이탈리아어 알파벳

C1

이탈리아어 알파벳

Alfabeto Italiano

1. 이탈리아어 알파벳 구성

이탈리아어 알파벳은 우리에게 익숙한 영어와 같지만 그 중 21개의 철자만이 이탈리아어의 알파벳에 속한다. 21개의 철자는 모음과 자음으로 나뉘며 각각 다음과 같이 분류할 수 있다.

모음

A E I O U

자음

B C D F G H L M N P Q R S T V Z

위에서 소개한 21자 외에도 이탈리아어에는 외래어나 고전어에서 도입된 J, K, W, X, Y가 존재하지만 현대 이탈리아어에서는 보통 J → I, K → C, W → V, Y → I로 대체되고 있다.

2. 이탈리아어 알파벳 명칭

	문자	명칭
1	A	a
2	B	bi
3	C	ci
4	D	di
5	E	e
6	F	effe
7	G	gi
8	H	akka
9	I	i
10	L	elle
11	M	emme
12	N	enne
13	O	o
14	P	pi
15	Q	ku
16	R	erre
17	S	esse
18	T	ti
19	U	u
20	V	vu
21	Z	zeta
22	J	i lunga
23	K	kappa
24	W	doppia vu
25	X	iks
26	Y	ipsilon

3. 발음

1) 모음(vocali)

이탈리아어의 모음은 A, E, I, O, U 다섯 가지로 구성되며 이들의 조합에 따라 이중모음(dittongo)와 삼중모음(trittongo)가 존재한다. 주의점은 단모음, 복모음(이중모음, 삼중모음) 모두 단음절 취급을 한다.

단모음(vocale)

A → casa (집)

E → espresso (에스프레소)

I → pizza (피자)

O → buco (구멍)

U → università (대학)

이중모음(dittongo)

이중모음은 모음 i 나 u가 다른 다른 모음과 만나 구성된다.

i → ia / ie / io / iu / ai / ei / oi / ui

u → ua/ ue / ui / uo /au / eu

figlia (딸)

figlie (딸들)

figlio (아들)

tranquillo (차분한)

scuola (학교)

automobile (자동차)

miele (꿀)

Europa (유럽)

guardaroba (옷장)

삼중모음(trittongo)

삼중모음은 모음 i나 u가 다른 모음 두 개와 결합되어 구성된다.

i → iei / iai / ioi / iuo

u → uei / uai / uoi

miei (나의 것들)

guai (고난들)

suoi (그의 것들)

aiuola (화단)

2) 자음(consonanti)

이중자음

bb, cc, ll 등 같은 자음이 연속으로 두 번 쓰인 경우 길고 세게 발음한다.

bella (아름다운)

terra (땅)

letto (침대)

rosso (빨간색)

b / d / f / l / m / n / p / q / r / t / v / z 철자 그대로 발음한다.

biblioteca (도서관)

domenica (일요일)

foglio (종이)

luna (달)

museo (박물관)

Napoli (나폴리)

Parigi (파리)

quaderno (노트)

Roma (로마)

tetto (지붕)

Venezia (베니스)

zio (삼촌)

h 는 묵음으로 발음하지 않는다.

hamburger (햄버거)

발음에 주의할 자음들

① c + a / o / u → [k] :
casa (집) / Como (코모 호수)/cuore (심장)

c + e / i → [tʃ] :
aceto (식초) / cipolla (양파)

c + ia / io / iu → [tʃ] :
ciao (안녕) / cioccolato (초컬렛) /
ciuccio (공갈젖꼭지)

c 와 ia / io / iu 와 같은 이중모음이 결합할 경우 각각 챠/ 쵸/ 츄 로 발음된다.

c+ h + e / i → [k] : pacchetto (박스), chiesa (교회)

c와 묵음인 h가 결합하고 그 뒤에 모음 e나 i가 오게 되면 각각 께/ 끼 로 발음 된다.

② g + a / o / u → [g] :
gatto (고양이), fragola (딸기), auguri (축하합니다)

g + e / i → [dz] :
gelato (아이스크림), giraffa (기린)

g + ia / io / iu → [dz] :
giallo (노란색), Gioconda (모나리자),
giusto (올바른)

g다음에 ia / io / iu 와 같은 이중모음이 결합할 경우 각각 쟈/ 죠 / 쥬 로 발음된다.

g + h + e / i → [g] :
ghepardo (치타), ghiaccio (얼음)

g와 묵음인 h가 결합하고 그 뒤에 모음 e나 i가 오게 되면 각각 게/ 기 로 발음 된다.

g + n + a / e / i / o / u → [ɲ] :
gnocchi (뇨끼), Bologna (볼로냐), ragno (거미),
lasagne(라자냐), agnello (양)

g와 n가 결합하고 그 뒤에 모음 a / e / i / o / u 가 오게 되면 각각 냐/ 네/ 니/뇨/ 뉴 로 발음 된다.

g + l + i / ia / ie / io / iu → [l] :
maglia (티셔츠), aglio (마늘), figlie (딸)

g와 l가 결합하고 그 뒤에 모음 i / ia / ie / io / iu 가 오게 되면 각각 리/ 리아/ 리에/ 리오/ 리우 로 발음 된다.

g + l + a / e / o / u → [g] :
glossario (용어사전), inglese (영어)

g와 l가 결합하고 그 뒤에 모음 a / e / o / u 가 오게 되면 각각 글라/ 글레/ 글로/ 글루 로 발음 된다.

③ s + 자음 / 자음 + s → [s] :
sporco (더러운), casco (헬멧)

단, s 가 자음 b, d, g, l, m, n, z, v 앞에 올 경우 유성음 [z]으로 발음된다 :
sveglia (자명종), sbaglio(실수), sguardo(시선)

모음 + s + 모음 → [z] :
riso (쌀), rosa (장미), chiuso(닫음)

s + c +i / e / ia / io / iu → [ʃ] :
sciarpa (스카프), scena (무대)

s와 c가 결합하고 그 뒤에 모음 i / e / ia / io / iu 가 오게 되면 각각 시/ 세/ 샤/ 쇼/ 슈 로 발음 된다.

④외래어 철자

j → [i]

k → [k]

x → [s]

y → [i]

w → [v]

Juventus (유벤투스), yogurt (요구르트), taxi (택시)

4. 강세(accento)

개모음과 폐모음

이탈리아어의 단어는 모두 강세를 갖고 있다. 강세는 기본적으로 단어 끝에서 두 번째 음절 모음이나 혹은 세 번째 음절의 모음에 오는 것이 규칙이며 따로 강세 표시를 하지 않는다. 이를 제외한 불규칙일 경우에 강세는 개모음 표시(accento grave)→ [`] 폐모음 표시(accento acuto) → [´]를 붙여주는데, 일반적으로 개모음 강세로 많이 표기한다.

개모음; 입을 크게 벌리고 혀의 위치를 낮추어 발음
폐모음; 입을 조금 열고 혀의 위치를 높여서 발음

개모음과 폐모음의 구분은 쉽지 않으며 이탈리아 인들도 구별하기 힘들다. 하지만 원칙적으로 단어마다 개모음과 폐모음이 존재하며 발음에 따라 같은 단어라 할지라도 그 의미가 완전히 다른 것이 될 수 있다.

pèsca (복숭아)

pésca (낚시)

음절 분리

단어의 음절 분리는 강세의 위치를 결정하는 가장 기본적인 것이며 아래와 같은 규칙을 따른다.

① 단모음

cà-sa (집)

a-mì-co (친구)

② 복모음

àu-to (자동차)

fì-glie (딸들)

a-iuò-la (화단)

③ 두 개의 자음 + 모음

spa-ghét-ti (스파게티)

lì-bro (책)

④ l, r, m, n 는 왼쪽 철자에 붙어 음절 분해

mòl-to (많은)

pòr-ta (문)

tèm-po (시간)

cìn-que (숫자 5)

⑤ s는 오른쪽 철자에 붙어 음절 분해

bò-sco(숲)

Pà-squa(부활절)

⑥ 이중자음은 중간을 분리하여 음절 분해

ca-pèl-lo (머리카락)

sòt-to (아래에)

강세표기

강세는 기본적으로 단어 끝에서 두 번째 음절 모음이나 혹은 세 번째 음절의 모음에 오는 것이 규칙이며 따로 강세 표시를 하지 않는다. 이를 제외한 불규칙일 경우에 강세는 개모음 표시 [`] 나 폐모음 표시 [´]를 붙여주는데, 일반적으로 개모음 강세로 많이 표기한다.

① 두 번째 음절 모음 강세

al-le-gro (기쁜)

piz-za (피자)

② 세 번째 음절 모음 강세

sa-ba-to (토요일)

do-me-ni-ca (일요일)

ta-vo-la (테이블)

③ 마지막 모음에 강세가 오는 경우 개모음 강세나 폐모음 강세로 표기

università (대학)

caffè (커피)

città (도시)

più (더)

ciò (그것)

perché (왜냐하면)

benché (비록 ~ 일지라도)

Esercizio

1. 이탈리아어 철자 c의 발음이 다른 한 가지를 고르시오.

① casa

② Corea del Sud

③ Marco

④ cibo

⑤ scuola

2. 이탈리아어 철자 l의 발음이 다른 한 가지를 고르시오.

① libro

② Londra

③ bella

④ meglio

⑤ Paola

3. 다음의 빈 칸에 올바른 철자를 넣으시오.

① citt ____

② universit ____

③ perch ____

④ caff ____

⑤ domenic ____

4. 다음의 단어 중 외래어를 고르시오.

① yogurt

② macchina

③ camera

④ albergo

⑤ fratello

ANSWER

1. ④
2. ④
3. ① à ② à ③ é ④ è ⑤ a
4. ①

02

NOME

명사

02 명사

Nome

이탈리아어의 모든 명사에는 성과 수라는 개념이 존재한다. 명사는 여성과 남성으로 구분하며 각각 단수형과 복수형 어미를 갖고 있다. 명사는 단수일 경우 마지막 어미가 -o나 -a 혹은 -e로 끝난다. 간혹, 외래어에서 유입된 단어는 computer(컴퓨터)나 yogurt(요구르트)처럼 마지막이 자음으로 끝나기도 하지만 이탈리아어의 모든 단어는 모음으로 끝나는 것이 원칙이다. 따라서 이탈리아어의 명사 성수 구분은 단어의 마지막 모음을 보고 구별할 수 있으므로, 성과 수에 따른 어미의 규칙을 파악하는 것이 중요하다.

1. 명사의 성

이탈리아어의 모든 명사는 남성과 여성으로 나뉜다. 보통 남성의 단어는 마지막 모음이 -o로 끝나고 여성의 단어는 -a로 끝나지만, 예외의 경우도 다수 존재한다. -e로 끝나는 단어의 경우에는 단어에 따라 남성이나 여성의 성을 가지고 있다.

-o 로 끝나는 남성 단어:
fratello (남자형제), ragazzo (소년),
quaderno (노트), orologio (시계)

-a 로 끝나는 여성 단어:
sorella (여자형제), ragazza (소녀),
cravatta (넥타이), penna (펜)

-e 로 끝나는 남성 단어:
padre (아버지), fiore (꽃), fine (끝),
leone (사자), giudice (심판관)

-e 로 끝나는 여성 단어:
madre (어머니), chiave (열쇠),
moglie (아내), canzone (노래), legge (법)

남성 명사 어미

① 보통 아래와 같은 어미로 끝나는 단어들은 남성단어에 속하지만, 예외도 있으니 주의할 필요가 있다.

-o:
zio (삼촌), bacio (키스), cuoco (요리사), medico (의사)

-ore:
fiore (꽃), viaggiatore (여행가), osservatore (관찰자)

-one:
leone (사자), pallone (공),

-ale:
giornale (신문)

-ile:
campanile (종탑), vigile (경관)

-ma:
problema (문제), programma (프로그램),
sistema (시스템)

② 보통 산이나 강, 바다, 호수의 이름은 남성 취급한다.

il Gran Sasso, il Tevere, il Mediterraneo, il Garda

③ 월과 요일명은 남성 취급한다. 단, domenica(일요일)은 여성단수이므로 주의한다.

월	
1월	gennaio
2월	febbraio
3월	marzo
4월	aprile
5월	maggio
6월	giugno
7월	luglio
8월	agosto
9월	settembre
10월	ottobre
11월	novembre
12월	dicembre

요일	
월요일	lunedì
화요일	martedì
수요일	mercoledì
목요일	giovedì
금요일	venerdì
토요일	sabato
일요일	domenica

④ 자음으로 끝나는 외래어는 남성 취급한다.

lo sport (스포츠), il computer (컴퓨터), il bar (커피숍)

⑤ 동·서·남·북은 남성 단수 취급한다.

il Nord (북), il Sud (남), l'Est (동), l'Ovest (서)

⑥ 어미가 -e, -o 로 끝나는 국가명은 남성 취급한다.

il Giappone (일본), il Portogallo (포르투갈)

예외적으로 il Canada(캐나다)는 남성단수 취급을 해준다.

여성 명사 어미

① 보통 아래와 같은 어미로 끝나는 단어들은 여성단어에 속하지만, 예외도 있으니 주의할 필요가 있다.

-a:
bambina (어린여자아이), banana (바나나), mela (사과), pizza (피자)

-tà:
città (도시), università (대학), novità (새로움), possibilità (가능성)

-tù:
virtù (덕), gioventù (젊음)

-i:
crisi (위기), metropoli (대도시), analisi (분석), ipotesi (가정)

-trice:
attrice (여배우), pittrice (여화가), scrittrice (여류작가), autrice (원작자)

-ione:
stazione (역), stagione (계절)

-ie:
serie (시리즈)

② 마지막 단어가 -o로 끝난 줄임말

foto~~grafia~~ (사진)

moto~~cicletta~~ (오토바이)

radiofo~~nia~~ (라디오)

③ 대륙, 섬, 도시이름

l'Africa (아프리카), l'America (아메리카), la Sicilia (시칠리아섬), Parigi (파리)

주의
도시 명 앞에는 정관사를 쓰지 않는 것이 원칙이다. 하지만, 형용사의 수식을 받을 경우 정관사와 함께 올 수 있다. ex) la Roma medievale (중세의 로마)

④ 추상적 개념

pace (평화), fame (배고픔), sete (목마름), fratellanza (우정), virtù (덕), gioventù (젊음)

⑤ 산맥의 이름

le Alpi (알프스 산맥), le Ande (안데스 산맥)

주의
이탈리아 리구리아 지방의 아펜니노 산맥은 남성 복수형을 취한다. ex) gli Apennini (아펜니노 산맥)

사람·동물 명사(어미에 따른 분류)
사람과 동물을 지칭하는 명사는 지칭하는 것의 성에 따라 남성형과 여성형을 갖고 있다. 예를 들어 한국어의 경우 청소년 중 남성을 가리킬 때는 '소년'으로 여성을 가리킬 때는 '소녀'로 구분하는 것과 같은 방식이다.

① -a로 끝나는 남성명사들 중 여성을 지칭할 경우 -essa로 바뀌는 경우

poeta (남자 시인)
→ poetessa (여자 시인)

profeta (남자 예언자)
→ profetessa (여자 예언자)

duca (남자 공작)
→ duchessa (여자 공작)

Papa (남자 교황)
→ Papessa (여자 교황)

② -o로 끝나는 남성명사들 중 여성을 지칭할 경우 -a로 바뀌는 경우

alunno (남학생)
→ alunna (여학생)

figlio (아들)
→ figlia (딸)

maestro (남자 선생님)
→ maestra (여자 선생님)

amico (남자 친구)
→ amica (여자 친구)

impiegato (남자 직장인)
→ impiegata (여자 직장인)

gatto (숫 고양이)
→ gatta (암 고양이)

lupo (숫 늑대)
→ lupa (암 늑대)

cavallo (숫 말)
→ cavalla (암 말)

cervo (숫 사슴)
→ cerva (암 사슴)

③ -e로 끝나는 남성명사들 중 여성을 지칭할 경우 -a로 바뀌는 경우

signore (~씨)
→ signora (~부인)

padrone (남자 주인)
→ padrona (여자 주인)

infermiere (남자 간호사)
→ infermiera (여자 간호사)

cameriere (남자 종업원)
→ cameriera (여자 종업원)

pasticciere (남자 제빵사)
→ pasticciera (여자 제빵사)

marchese (후작)
→ marchesa (후작 부인)

④ -e로 끝나는 남성명사들 중 여성을 지칭할 경우 -essa로 바뀌는 경우

studente (남학생)
→ studentessa (여학생)

principe (왕자)
→ principessa (공주)

conte (백작)
→ contessa (백작부인)

⑤ -tore로 끝나는 남성명사들 중 여성을 지칭할 경우 -trice로 바뀌는 경우

imperatore (황제)
→ imperatrice (여황제)

pittore (남자 화가)
→ pittrice (여자 화가)

attore (남자 배우)
→ attrice (여자 배우)

scrittore (남자 작가)
→ scrittrice (여자 작가)

traditore (남자 배신자)
→ traditrice (여자 배신자)

benefattore (남자 독지가)
→ benefattrice (여자 독지가)

⑥ 남성과 여성형이 불규칙하게 변하는 경우

eroe (남자 영웅)
→ eroina (여자 영웅)

re (왕)
→ regina (여왕)

gallo (수탉)
→ gallina (암탉)

caprone (숫 염소)
→ capra (염소)

stregone (마술사)
→ strega (마녀)

dio (남자 신)
→ dea (여신)

cane (개)
→ cagna (암캐)

⑦ 남성과 여성형 모두 동일한 어미를 지닌 경우

il nipote (남자조카, 손자)
→ la nipote (여자조카, 손녀)

il custode (남자 수위)
→ la custode (여자 수위)

il parente (남자 친척)
→ la parente (여자 친척)

il cantante (남자 가수)
→ la cantante (여자 가수)

un insegnante (남자 선생님)
→ un'insegnante (여자 선생님)

un agente (남자 대리인, 경찰)
→ un'agente (여자 대리인, 경찰)

un amante (남자 애인)
→ un'amante (여자 애인)

il giornalista (남자 신문기자)
→ la giornalista (여자 신문기자)

il pianista (남자 피아니스트)
→ la pianista (여자 피아니스트)

un artista (남자 아티스트)
→ un'artista (여자 아티스트)

il collega (남자 동료)
→ la collega (여자 동료)

il pediatra (남자 소아과의사)
→ la pediatra (여자 소아과의사)

un atleta (남자 운동선수)
→ un'atleta (여자 운동선수)

⑧ 남성형만 존재하는 직업명

architetto (건축가)

medico (의사)

presidente (대통령)

ministro (장관)

magistrato (판사)

avvocato (변호사)

poliziotto (경찰관)

giudice (심판)

❗ 주의

위의 직업명은 과거 이탈리아 사회에 여성에 대한 차별이 존재했음을 알 수 있는 단어들이다. 여성이 진출할 수 없었던 직업명에는 여성형이 존재하지 않는다. 현대사회에는 어휘에 남아있는 성적 차별을 없애고자 avvocatessa(여자 변호사)나 poliziotta(여자 경찰관)와 같은 단어를 쓰기도 하지만, 일반적으로 위의 직업명에서 여성을 지칭할 때는 남성과 같은 단어를 쓰며 함께 오는 관사도 남성형으로 쓴다.

2. 명사의 수

이탈리아어의 모든 명사는 성의 구분과 함께 단·복수의 개념을 갖고 있다. 단·복수는 일반적으로 명사 어미의 마지막 모음을 일정 규칙으로 변화시켜 구분한다.

● 명사의 성과 수에 따른 어미변화

	단수형	복수형
-a로 끝나는 여성명사	-a	-e
-a로 끝나는 남성명사	-a	-i
-o로 끝나는 남성명사	-o	
-e로 끝나는 남성/여성명사	-e	

① -a로 끝나는 여성명사

casa (집) → case

macchina (자동차) → macchine

sorella (여자형제) → sorelle

dentista (여자 치과의사)→ dentiste

giornalista (여자 기자) → giornaliste

② -a로 끝나는 남성명사

problema (문제) → problemi

poeta (남자 시인) → poeti

geometra (기하학자) → geometri

giornalista (남자 신문기자) → giornalisti

dentista (남자 치과의사) → dentisti

pediatra (남자 소아과의사) → pediatri

③ -o로 끝나는 남성명사

bambino (남자아이) → bambini

fratello (남자형제) → fratelli

pozzo (우물) → pozzi

④ -e로 끝나는 남성/여성명사

il giudice (심판) → i giudici

il leone (사자) → i leoni

la legge (법) → le leggi

la canzone (노래) → le canzoni

⑤ -i로 끝난 남성/여성 명사는 단·복수 형태가 같다. (관사로 단·복수 구분해준다.)

il brindisi (축배,건배) → i brindisi

il bisturi (메스) → i bisturi

la crisi (위기) → le crisi

l'analisi (분석) → le analisi

⑥ -ie로 끝나는 여성명사는 단·복수 형태가 같다. (관사로 단·복수 구분해준다.)

la serie (시리즈) → le serie

la specie (종류) → le specie

la progenie (자손) → le progenie

⑦ 단모음으로 이루어진 단어는 단·복수 형태가 같다. (관사로 단·복수 구분해준다.)

il re (왕) → i re

la gru (기중기) → le gru

⑧ 마지막 모음에 강세가 있는 단어는 단·복수 형태가 같다. (관사로 단·복수 구분해준다.)

la novità (새로움) → le novità

il caffè (커피) → i caffè

la città (도시) → le città

⑨ 보통 외래어에서 도입된 자음으로 끝나는 단어의 경우 단어는 단·복수 형태가 같다. (관사로 단·복수 구분해준다.)

il film (영화) → i film

il bar (커피숍) → i bar

il tram (트램) → i tram

il gas (가스) → i gas

lo sport (스포츠) → gli sport

⑩ 마지막 어미가 -o로 끝나는 여성명사 중 단어가 축약된 경우 단·복수 형태가 같다. (관사로 단·복수 구분해준다.)

la foto~~grafia~~ (사진) → le foto

la moto~~cicletta~~ (오토바이) → le moto

la radio~~fonia~~ (라디오) → le radio

발음규칙에 따른 단·복수 변화형 1

-ca나 -ga로 끝나는 단수 명사의 경우 복수형이 될 때 남성 복수형은 마지막 모음이 -i로 여성복수형은 마지막 모음이 -e로 변한다. 그러나 이 경우 단순히 마지막 모음만 변화시켜주면 각각 -ce와 -ge로 변하여 c와 g의 /k/와 /g/발음이 모음 e나 i와 만나 /tʃ/와 /dz/가 되어 발음규칙에 어긋나게 된다. 따라서 이러한 경우에는 묵음인 h를 c나 g와 결합시켜 발음규칙을 이어갈 수 있도록 해준다.

어미가 -cia나-gia로 끝나는 여성 명사의 경우 -cia나 -gia의 -i-가 강세형인지 약세형인지에 따라 복수형으로 변할 경우 -i-가 단어에 살아남을 수도 축약 될 수도 있다.

단수형	남성 복수형	여성 복수형
-ca/-ga	-chi/-ghi	-che/-ghe
-cìa/gìa (강세형 i)		-cìe/-gìe
-cia/gia (약세형 i)		-cie/-gie (앞에 모음이 있을 경우)
		-ce/-ge (앞에 자음이 있을 경우)

① -ca/-ga → -chi/-ghi

il monarca (군주) → i monarchi

il patriarca (족장) → i patriarchi

lo stratega (병법) → gli strateghi

② -ca/-ga → -che/-ghe

la barca (배) → le barche

la basilica (대사원) → le basiliche

la bottega (가게) → le botteghe

③ 강세형 -cìa/-gìe → -cìe/-gìe

farmacia (약국) → farmacie

pulizia (청소) → pulizie

allergia (알러지) → allergie

④ 약세형 -cia/-gie → 모음+cie/ 모음+gie
자음+ce/ 자음+ge

camicia (셔츠) → camicie

valigia (여행가방) → valigie

ciliegia (체리) → ciliegie

provincia (지방) → province

boccia (목이 긴 병) → bocce

spiaggia (해변) → spiagge

frangia (장식) → frange

⑤ -ie → -i

moglie (아내) → mogli

superficie (표면) → superfici

❯ 발음규칙에 따른 단·복수 변화형 2

-co나 -go로 끝나는 단수 명사의 경우 복수형이 될 때 남성 복수형은 마지막 모음이 -i로 변한다. 그러나 이 경우 단순히 마지막 모음만 변화시켜주면 각각 -ci와 -gi로 변하여 c와 g의 /k/와 /g/발음이 모음 i와 만나 /tʃ/와 /dz/가 되어 발음규칙에 어긋나게 된다. 따라서 이러한 경우에는 묵음인 h를 c나 g와 결합시켜 발음규칙을 이어갈 수 있도록 해준다.

단수형	남성 복수형
-co/-go	-chi/-ghi
-io (강세형 i)	-ìi
-io (약세형 i)	-i

① -co/-go → -chi/-ghi

cuoco (요리사) → cuochi

buco (구멍) → buchi

carico (화물) → carichi

pizzico (한줌) → pizzichi

dialogo (대화) → dialoghi

obbligo (의무) → obblighi

catalogo (목록) → cataloghi

fungo (버섯) → funghi

albergo (호텔) → alberghi

❗ 주의 : 발음규칙을 벗어난 명사들

medico (의사) → medici

sindaco (시장) → sindaci

greco (그리스인) → greci

nemico (적) → nemici

amico (친구) → amici

porco (돼지) → porci

psicologo (심리학자) → psicologi

monaco (수도승) → monaci

② -io (강세형 i) → -ìi

zio (삼촌) → zii

rinvio (발송) → rinvii

mormorio (불평) → mormorii

③ -io (약세형 i) → -i

viaggio (여행) → viaggi

figlio (아들) → figli

raggio (광선) → raggi

bacio (키스) → baci

omicidio (살인) → omicidi

명사의 불규칙 단·복수형

① 마지막 모음이 -o로 끝나는 남성 단수명사가 복수가 되면 마지막 모음이 -a로 변하고 여성 복수형이 되는 경우

il centinaio (약 백개) → le centinaia

il migliaio (약 천개, 다수) → le migliaia

il miglio (마일) → le miglia

il paio (짝) → le paia

l'uovo (달걀) → le uova

il braccio (팔) → le braccia

il ciglio (속눈썹) → le ciglia

il sopracciglio (눈썹) → le sopracciglia

il labbro (입술) → le labbra

il lenzuolo (침대보) → le lenzuola (침대보 세트)

② 단수형과 복수형의 형태가 틀린 경우

la mano (손) → le mani

l'uomo (남성, 사람) → gli uomini

Esercizio

1. 다음의 단어 중 남성명사를 고르시오

① inglese

② città

③ bambina

④ mano

⑤ serie

2. 다음의 단어 중 여성 명사를 고르시오

① professore

② tesi

③ film

④ auto

⑤ uomo

3. 다음의 남성명사를 여성명사로 고치시오.

① professore →

② dentista →

③ insegnante →

④ marito →

⑤ dottore →

4. 다음의 단수명사를 복수명사로 고치시오.

① caffè →

② ipotesi →

③ ciglio →

④ mano →

⑤ uomo →

ANSWER
1. ①
2. ②, ④
3. ① professoressa ② dentista ③ insegnante ④ moglie ⑤ dottoressa
4. ① caffè ② ipotesi ③ ciglia ④ mani ⑤ uomini

03

ARTICOLO DETERMINATIVO E INDETERMINATIVO

정관사, 부정관사

03 정관사, 부정관사

Articolo Determinativo e Indeterminativo

명사와 밀접한 관련이 있는 관사는 특정 몇몇 경우만을 제외하고 항상 명사와 함께 오는 것이 원칙이다. 이탈리아어의 관사는 정관사와 부정관사가 있으며 명사의 성과 수에 따라 형태가 변하므로 주의해야 한다.

1. 정관사

영어의 the와 마찬가지로 정해져 있거나 알고 있는 명사를 가리킬 때 쓰이며 명사 앞에 위치하며 명사의 성과 수에 따라 변한다.

남성 정관사 단수형	남성 정관사 복수형	규칙	예
il	i	자음으로 시작하는 명사	il tavolo → i tavoli il fiore → i fiori il dente→ i denti
lo	gli	gn/pn/ps/z/x/s+자음 or i(y)+모음으로 시작하는 명사	lo gnomo → gli gnomi lo sbaglio → gli sbagli lo studio → gli studi lo xilofono → gli xilofoni lo zaino → gli zaini lo sceicco → gli sceicchi lo iato → gli iati lo ioduro → gli ioduri lo yogurt → gli yogurt
l'	gli	모음으로 시작하는 명사	l'incendio → gli incendi l'ospite → gli ospiti l'orologio → gli orologi

여성 정관사 단수형	여성 정관사 복수형	규칙	예
la	le	자음으로 시작하는 명사 or ia/ie/io/iu로 시작하는 여성명사	la sedia → le sedie la giacca → le giacche la iena → le iene
l'	le	모음으로 시작하는 명사	l'anima → le anime l'amica → le amiche l'isola → le isole l'ombra → le ombre

2. 부정관사

영어의 a나 an에 해당하며 불특정한 새로운 어떤 것을 가리킬 때 쓰이며 명사 앞에 위치하며 명사의 성과 수에 따라 변한다.

남성 단수 부정관사	(남성 복수 부정관사)	규칙	예
un	dei(전치사 di+남성복수 정관사 i 결합형)	자음으로 시작하는 명사	un bambino → dei bambini un dente → dei denti un cane → dei cani
uno	degli(전치사 di+ 남성 복수정관사 gli 결합형)	gn/pn/ps/z/x/s+자음 or i(y)+모음으로 시작하는 명사	uno sbaglio → degli sbagli uno zaino → degli zaini uno psicologo → degli psicologi uno studente → degl studenti
un	degli(전치사 di+ 남성 복수정관사 gli 결합형)	모음으로 시작하는 명사	un amico → degli amici un incubo → degli incubi un orologio → degli orologi

여성 단수 부정관사	(여성 복수 부정관사)	규칙	예
una	delle(정관사 di+여성 복수형정관사 le 결합형)	자음으로 시작하는 여성명사	una casa → delle case una giacca → delle giacche una donna → delle donne
un'	delle(정관사 di+여성 복수형정관사 le 결합형)	모음으로 시작하는 여성명사	un'amica → delle amiche un'isola → delle isole un'ombra → delle ombre

주의1

이탈리아어에서 부정관사의 복수형은 존재하지 않는다. 하지만 '몇몇의', '약간의'라는 불특정 다수의 표현을 전치사 di와 정관사 복수형의 결합형으로 표현할 수 있다. 또는 같은 뜻의 형용사인 qualche (+단수명사), alcuni (+남성복수명사), alcune (+여성 복수명사)로 대체 가능하다.

qualche idea
(몇 개의 아이디어)

alcune difficoltà
(약간의 어려움)

alcuni dubbi
(몇 가지 의심스러움)

주의2

<불규칙 명사들>

단수형에서 복수형으로 바뀔 때 성과 형태가 불규칙하게 바뀌는 불규칙 명사들이 있다. 이러한 명사들은 정관사와 함께 외워야 한다.

la mano (손) → le mani

l'uovo (달걀) → le uova

il labbro (입술) → le labbra

il braccio (팔) → le braccia

il ciglio (속눈썹) → le ciglia

il sopracciglio (눈썹) → le sopracciglia

il lenzuolo (침대보) → le lenzuola

Esercizio

1. 다음의 단어 앞에 알맞은 단수 정관사를 넣으시오.

① ________ scuola

② ________ albergo

③ ________ caffè

④ ________ idea

⑤ ________ fratello

2. 다음의 단어 앞에 알맞은 복수 정관사를 넣으시오.

① ________ scuole

② ________ alberghi

③ ________ caffè

④ ________ idee

⑤ ________ fratelli

3. 다음의 단어 앞에 알맞은 부정 관사를 넣으시오.

① ________ amica

② ________ uomo

③ ________ bambina

④ ________ idea

⑤ ________ ragazzo

4. 다음의 단어 앞에 알맞은 부정관사 복수형을 넣으시오.

① ________ fiori

② ________ mele

③ ________ cani

④ ________ persone

⑤ ________ zaini

5. 다음의 단어를 정관사와 함께 복수형으로 바꾸시오.

① macchina ➜

② ipotesi ➜

③ elefante ➜

④ sopracciglio ➜

⑤ mano ➜

ANSWER

1. ① la ② l' ③ il ④ l' ⑤ il
2. ① le ② gli ③ i ④ le ⑤ i
3. ① un' ② un ③ una ④ un' ⑤ un
4. ① dei ② delle ③ dei ④ delle ⑤ degli
5. ① le machine ② le ipotesi ③ gli elefanti ④ le sopracciglia ⑤ le mani

Promemoria

04

INDICATIVO PRESENTE

직설법 현재

04 직설법 현재

Indicativo Presente

굴절어인 이탈리아어는 문장의 중심에 해당하는 동사가 화자의 의도가 담겨있는 법(modi)과 시제(tempi)의 정보를 나타내며, 주어의 인칭(persona)에 따라 6가지의 형태로 어미가 변한다. 이탈리아어의 법에는 직설법, 접속법, 조건법, 명령법, 가정법, 부정법이 있으며 각각의 법은 과거, 현재, 미래 시제 혹은 단순시제와 복합시제 등을 가질 수 있다. 동사는 원형의 어미인 –are/ -ere/ -ire 세가지로 구분되며 각각의 어미는 주어의 인칭에 따라 6가지 형태로 굴절한다. 이탈리아어 동사의 약 85% 를 차지하는 규칙형은 어미의 타입(–are/ -ere/ -ire)에 따라 규칙적으로 변하며, 불규칙형은 어미에 상관없이 불규칙하게 변하므로 주의 할 필요가 있다.

1. 직설법 현재동사의 쓰임

현재의 상태나 상황 등을 묘사할 때

Anna (in questo momento) è al telefono.
(안나는 (지금 이 순간) 전화 중이다.)

불변의 진리를 나타낼 때

La Luna gira intorno alla Terra.
(달은 지구 주위를 돈다.)

과거에 시작된 행위나 상태가 현재까지 지속되는 경우

Io abito a Roma da dieci anni.
(나는 로마에 십 년 전부터 거주 하고 있다.)

역사적 사건을 묘사할 때

Cristoforo Colombo nasce nel 1451.
(크리스토퍼 콜롬버스는 1451년에 태어났다.)

속담표현

Chi dorme non piglia pesci.
(잠자는 사람은 물고기를 잡지 못한다.)

가까운 미래나 확실하게 일어날 일을 표현할 때 (회화 채에서 사용)

Domani esco con i miei amici.
(나는 내일 친구들과 외출 할 것이다.)

2. 주격 인칭 대명사

pronome soggetto	주격 인칭 대명사
io	나
tu	너
lui/lei(esso/essa;egli/ella)/Lei	그/그녀/당신
noi	우리
voi	너희
loro(essi/esse)	그들(그녀들)

3인칭 단수형 주격인칭대명사는 남성을 가리킬 때는 lui를 여성을 가리킬 때는 lei를 주로 사용한다. 괄호 안의 esso/essa;egli/ella는 간혹 문어체에서 쓰이기는 하나 지금은 거의 쓰이지 않는다. 격식을 갖춘 문장 상에서 lui나 lei가 지속적으로 사용되어야 할 경우 같은 단어의 반복을 줄이기 위해 쓰일 수 있다.

이탈리아어에는 존칭형이 존재하며 '당신'이라는 뜻의 Lei가 존칭형 주격인칭대명사에 속하며, 첫글자를 대문자로 표기해 lei(그녀)와 구별해준다. 존칭형 문장은 3인칭 단수 동사변화형을 사용하여 표현한다.

3. 어미에 따른 동사 변화형

규칙동사

주격인칭 대명사	parl-are	prend-ere	sent-ire	cap-ire
io	parl-o	prend-o	sent-o	cap-isco
tu	parl-i	prend-i	sent-i	cap-isci
lui/lei/Lei	parl-a	prend-e	sent-e	cap-isce
noi	parl-iamo	prend-iamo	sent-iamo	cap-iamo
voi	parl-ate	prend-ete	sent-ite	cap-ite
loro	parl-ano	prend-ono	sent-ono	cap-isco-no

규칙동사는 어간은 변하지 않고 –are/ -ere/ -ire 어미만 변화한다. 단, –ire 동사는 sentire와 같은 1군형 동사와 capire와 같이 –isc-의 어미형으로 변화하는 2군형 동사가 있다. 1군형과 2군형 모두 규칙동사에 속하며 이들을 따로 구분할 수 있는 방법은 없으므로 -ire동사가 나올 때는 변화형에 주의해야 한다.

Parlo in italiano.
(나는 이탈리아어로 말한다.)

Il nonno prende un caffè.
(할아버지가 커피를 마신다.)

Sento un odore strano.
(이상한 냄새가 난다.)

Mi capisce?
(저를 이해하시겠습니까?)

발음규칙을 따르는 규칙동사들

① –care/-gare로 끝나는 동사들은 /k/와 /g/ 발음 규칙을 지켜주기 위해 어미가 –e나 –i로 시작하게되면 어간에 묵음인 h를 넣어 c나 g와 결합시켜 발음 규칙을 지켜준다.

주격인칭대명사	cerc-are	spieg-are
io	cerc-o	spieg-o
tu	cerch-i	spiegh-i
lui/lei/Lei	cerc-a	spieg-a
noi	cerch-iamo	spiegh-iamo
voi	cerc-ate	spieg-ate
loro	cerc-ano	spieg-ano

Anna cerca un appartamento in affitto.
(Anna는 렌트할 아파트를 찾고 있습니다.)

Te lo spiego dopo.
(나중에 너에게 그것을 설명해줄께.)

② -ciare/-giare로 끝나는 동사들은 어미가 -i로 시작하게 되면 어간의 -ci/-gi에서 -i를 생략한다.

주격인칭대명사	cominci-are	mangi-are
io	cominci-o	mangi-o
tu	cominc-i	mang-i
lui/lei/Lei	cominci-a	mangi-a
noi	cominc-iamo	mang-iamo
voi	cominci-ate	mangi-ate
loro	cominci-ano	mangi-ano

Il film comincia alle 19.
(오후 7시에 영화가 시작한다.)

Loro non mangiano la carne.
(그들은 고기를 먹지 않는다.)

③ -gliare 끝나는 동사들은 어미가 -i로 시작하게 되면 어간의 -gli에서 -i를 생략한다.

주격인칭대명사	consigli-are
io	consigli-o
tu	consigl-i
lui/lei/Lei	consigli-a
noi	consigl-iamo
voi	consigli-ate
loro	consigli-ano

Ti consiglio di non andarci.
(너에게 그곳에 가지 말기를 조언한다.)

④ -iare로 끝나는 동사들 중 inviare와 같이 모음 -i가 강세형 -i인 경우 1인칭 복수형을 제외한 나머지의 경우 강세형 -i가 살아남는다. 반면 mangiare와 같은 약세형 -i를 가진 -iare는 어미가 -i로 시작하면 어간의 약세형 -i는 탈락하게 된다.

주격인칭대명사	invi-are	mangi-are
io	invi-o	mangi-o
tu	invi-i	mang-i
lui/lei/Lei	invi-a	mangi-a
noi	inv-iamo	mang-iamo
voi	invi-ate	mangi-ate
loro	invi-ano	mangi-ano

Inviate una lettera al professore?
(너희들은 교수님께 편지를 보낼꺼니?)

Mangi questa torta?
(너 이 케이크 먹을래?)

주요 불규칙동사들

주격인칭대명사	essere	avere	fare	stare	dire	sapere
io	sono	ho	faccio	sto	dico	so
tu	sei	hai	fai	stai	dici	sai
lui/lei/Lei	è	ha	fa	sta	dice	sa
noi	siamo	abbia-mo	fac-ciamo	stia-mo	dicia-mo	sap-piamo
voi	siete	avete	fate	state	dite	sapete
loro	sono	hanno	fanno	stan-no	dico-no	sanno

① essere (~이다.)

영어의 be동사와 성격이 비슷한 essere동사는 자동사의 역할과 함께 복합시제를 만들 때 쓰이는 조동사이기도 한 이탈리아어에서 가장 중요한 동사 중에 하나이다. 동사 변화형에서 직설법 현재 3인칭 단수형에 붙는 개모음 강세 표시에 주의해야 한다. 강세 표시가 없이 e만 쓰이면 '그리고'라는 뜻의 등위 접속사가 된다.

Sono (uno) studente.
(나는 학생입니다.)

Sono (un) coreano.
(나는 한국인 입니다.)

La ragazza è contenta.
(그 소녀는 기뻐합니다.)

Fabio e Andrea sono a scuola.
(Fabio와 Andrea는 학교에 있습니다.)

② avere (~가지다.)

영어의 have동사와 성격이 비슷한 avere 동사는 타동사의 역할과 함께 복합시제를 만들 때 쓰이는 조동사이기도 하다. Essere 동사와 마찬가지로 이탈리아어에서 가장 중요한 동사 중 하나이며 직설법 현재 동사변화형에 묵음인 h가 들어가는 것이 특징이다. 타동사로서 '~을 가지다'라는 뜻도 있지만 상태를 나타내는 추상명사와 함께 자신의 상태를 표현할 때도 쓰일 수 있다.

Ho una penna.
(나는 펜 하나를 갖고 있다.)

Ho fame.
(나는 배가 고프다.)

Ho sete.
(나는 목이 마르다.)

Ho caldo.
(나는 덥다.)

Ho freddo.
(나는 춥다.)

Ho appetito.
(나는 식욕이 있다.)

Ho sonno.
(나는 졸리다.)

Ho ragione.
(내가 옳다.)

③ fare(~하다.)

영어의 do 동사와 비슷한 fare 동사는 타동사로 뒤에 목적어가 와서 여러 가지 관용적 표현으로 쓰인다.

Faccio il bagno.
(나는 목욕을 한다.)

Fanno rumore.
(그들은 시끄럽게 한다.)

Ti faccio una telefonata dopo.
(나중에 너에게 전화 할게.)

Facciamo una passeggiata insieme.
(우리 같이 산책하자.)

Fate presto.
(너희 빨리 해라.)

Faccio tardi.
(나는 늦는다.)

Fa colazione ogni mattina.
(그는 매일 아침 아침식사를 한다.)

Faccio una domanda.
(나는 질문을 한다.)

Fai un viaggio all'estero?
(해외로 여행을 가니?)

④ stare(~이 있다, 머무르다.)

장소, 위치, 상황이나 상태를 표현할 때 쓰이는 자동사로 뒤에 보어로 부사나 전치사구가 올 수 있다. stare 동사 뒤에 전치사 per와 함께 동사원형이 오면 '막 ~하려던 참이다.'란 뜻으로 쓰일 수 있으며, stare 동사 뒤에 제룬디오형 (-ando/-endo/-endo)이 오게 되면 '~하는 중이다.'라는 뜻의 현재진행형 문장이 된다.

Come stai?
(어떻게 지내?)

Sto bene.
(잘 지내.)

Dove stai?
(어디에 있니?)

Sto a casa.
(나는 집에 있어.)

Stiamo a Roma.
(우리는 로마에 있다.)

Daniele sta in Italia.
(Daniele는 이탈리아에 있다.)

Sta in albergo.
(그는 호텔에 있다.)

Donatella sta a letto.
(Donatella는 침대에 있다.)

➋ stare+per: 막 ~하려 하다.

Sto per dormire.
(나는 막 잠자려던 참이다.)

Paolo e Pietro stanno per partire.
(Paolo와 Pietro는 막 출발하려던 참이다.)

Stiamo per pranzare in mensa.
(우리는 지금 학생식당에서 점심을 먹으려던 참이다.)

Il professore sta per finire la lezione.
(교수님이 막 수업을 끝내려는 참이다.)

➋ stare + 제룬디오형: ~하는 중이다.

이탈리아어에서 진행형 문장을 만들기 위해서는 stare 동사와 제룬디오형을 결합하여 문장을 만들 수 있다. 주어의 인칭과 시제표현은 stare동사에서 이루어 지며, 제룬디오형은 동사의 어미에 따라 아래와 같은 세가지 구조로 나뉠 수 있다.

-are	-ando
-ere	-endo
-ire	-endo

Sto lavorando in ufficio.
(나는 사무실에서 일하는 중이다.)

Luisa sta prendendo un caffè al bar.
(Luisa는 바에서 커피 한 잔을 마시는 중이다.)

State uscendo di casa?
(너희들 집에서 나가는 중이니?)

I nonni stanno dormendo a casa.
(조부모님은 집에서 주무시는 중이다.)

⑤ dire(말하다.)

타동사인 dire 동사는 규칙동사인 parlare '말하다' 동사와 한국어 뜻은 같으나 사용방법이 다르므로 구분할 필요가 있다.

일반적으로 parlare 동사는 자동사이지만 어떠한 언어를 '말하다'라는 의미로 쓰일 때만 타동사로서 동사 뒤에 명사를 목적어로 받게 된다. 반면, dire 동사는 언어를 '말하다'라는 뜻으로는 쓰이지 않고 '~을 말하다.'라는 의미로 쓰이는 타동사이므로 항상 목적어를 동반하므로 주의해야 한다.

Parlo con Lucia.
(나는 Lucia와 이야기한다.)

Parliamo in italiano.
(우리 이탈리아어로 이야기 하자.)

Camilla parla il tedesco.
(Camilla는 독일어를 할 줄 안다.)

Mi dice una bugia.
(그는 나에게 거짓말을 한다.)

Dicono la verità.
(그들은 사실을 이야기 하고 있다.)

⑥ sapere(알다.)

이탈리아어에는 '알다.'라는 뜻을 가진 대표적인 동사 sapere와 conoscere가 존재하는데, 이 두 동사는 내포하는 의미에 차이가 있으므로 주의할 필요가 있다. Sapere는 지식이나 사실을 알 때 쓰는 반면, conoscere 동사는 사람이나 어느 장소를 경험을 통해 알았을 경우에 쓸 수 있는 동사이다.

Conosco Antonio.
(나는 Antonio를 안다.)

Conosco Milano.
(나는 밀라노를 (가봐서) 안다.)

Tu non mi conosci bene!
(너는 나를 잘 알지 못하는 구나!)

So l'inglese.
(나는 영어를 (할 줄)안다.)

Sappiamo tutto.
(우리는 모든 것을 안다.)

Il direttore sa come vanno le cose.
(감독은 일이 어떻게 되가는지 알고 있다.)

그 밖의 불규칙 동사들

dare: do, dai, dà, diamo, date, danno

dovere: devo(debbo), devi, deve, dobbiamo, dovete, devono(debbono)

giacere: giaccio, giaci, giace, giacciamo(giaciamo), giacete, giacciono

parere: paio, pari, pare, paiamo, parete, paiono

piacere: piaccio, piaci, piace, piacciamo, piacete, piacciono

potere: posso, puoi, può, possiamo, potete, possono

rimanere: rimango, rimani, rimane, rimaniamo, rimanete, rimangono

sapere: so, sai, sa, sappiamo, sapete, sanno

sedere: siedo(seggo), siedi, siede, sediamo, sedete, siedono(seggono)

tacere: taccio, taci, tace, tacciamo, tacete, tacciono

vedere: vedo, vedi, vede, vediamo, vedete, vedono

volere: voglio, vuoi, vuole, vogliamo, volete, vogliono

accorgere: accorgo, accorgi, accorge, accorgiamo, accorgete, accorgono

bere: bevo, bevi, beve, beviamo, bevete, bevono

cogliere: colgo, cogli, coglie, cogliamo, cogliete, colgono

condurre: conduco, conduci, conduce, conduciamo, conducete, conducono

conoscere: conosco, conosci, conosce, conosciamo, conoscete, conoscono

cuocere: cuocio, cuoci, cuoce, cuociamo(cociamo), cuocete(cocete), cuociono

spegnere: spengo, spegni, spegne, spegniamo, spegnete, spengono

tenere: tengo, tieni, tiene, teniamo, tenete, tengono

trarre: traggo, trai, trae, traiamo, traete, traggono

apparire: appaio, appari, appare, appariamo, apparite, appaiono

dire: dico, dici, dice, diciamo, dite, dicono

morire: muoio, muori, muore, moriamo, morite, muoiono

salire: salgo, sali, sale, saliamo, salite, salgono

udire: odo, odi, ode, udiamo, udite, odono

uscire: esco, esci, esce, usciamo, uscite, escono

venire: vengo, vieni, viene, veniamo, venite, vengono

4. 조동사

4.1 volere/ potere/ dovere

이탈리아어에는 영어의 can이나 must에 해당하는 조동사가 존재한다. 조동사는 문장상에서 본동사의 보조적인 역할을 하며, 주어와 본동사인 동사원형 사이에 위치한다. 조동사가 오는 문장에서는 주어의 인칭과 시제에 따라서 동사변화를 하는 것은 조동사이며 문법정보를 표시하는 기능을한다. 이탈리아어의 조동사는 volere, potere, dovere로 나뉠 수 있다.

주격인칭 대명사	volere (~원하다.)	potere (~할 수 있다.)	dovere (~해야 한다.)
io	voglio	posso	devo(debbo)
tu	vuoi	puoi	devi
lui/lei/ Lei	vuole	può	deve
noi	vogliamo	possiamo	dobbiamo
voi	volete	potete	dovete
loro	vogliono	possono	devono (debbono)

volere

타동사인 volere는 '~을 원하다.'라는 뜻으로 뒤에 목적어인 명사가 오는 동사이지만, 동시에 조동사의 역할로도 쓰일 수 있어서 동사원형과 함께 쓰일 수 있다. 동사원형과 함께 쓰이게 되면 '~하기를 원하다.'라는 바람이나 기원을 나타낸다.

Voglio un panino.
(나는 빠니니 하나를 원합니다.)

Vuoi un caffè?
(너 커피 한잔 마실래?)

Voglio tornare a casa.
(나는 집에 돌아가고 싶다.)

Il signor Bianchi vuole andare dal medico.
(Bianchi씨는 병원에 가고 싶어 합니다.)

Vogliamo partire per Roma.
(우리는 로마를 향해 출발하고 싶다.)

Carlo non vuole studiare in biblioteca.
(Carlo는 도서관에서 공부하고 싶어하지 않는다.)

Vuoi cenare al ristorante cinese?
(너는 중국 레스토랑에서 저녁식사 하고 싶니?)

potere

영어의 can과 같은 역할을 하는 potere는 뒤에 본동사인 동사원형과 함께와서 '~할 수 있다.'나 '~해도 된다.'는 가능성이나 허락의 의미를 나타낸다. 다른 조동사들과 마찬가지로 시제와 인칭의 정보를 조동사인 potere동사가 담아 굴절한다.

1) 가능성

Finalmente posso dormire.
(드디어 나는 잠을 잘 수 있다.)

Possono uscire stasera.
(그들이 오늘 저녁에 외출할 수 있다.)

Posso parlare bene l'italiano.
(나는 이탈리아어로 잘 말할 수 있다.)

2) 허락이나 예의 바른 요청

Puoi tornare a casa.
(너는 집에 돌아 갈 수 있다(가도 된다.).)

Lei può restare qui.
(당신은 여기 머무실 수 있습니다.

Posso entrare un attimo?
(제가 잠시 들어갈 수 있을까요?

Ti posso chiamare fra un minuto?
(1분 뒤에 내가 너한테 전화해도 될까?

dovere

영어의 must와 같은 역할을 하는 dovere는 뒤에 본동사인 동사원형과 함께 와서 '~해야 한다.'나 '~할 필요성이 있다.'는 의무나 필요성을 나타낸다. 다른 조동사들과 마찬가지로 시제와 인칭의 정보를 조동사인 dovere동사가 담아 굴절한다.

1) 의무

Devi dire la verità.
(너는 진실을 말해야 한다.)

Non dire le bugie.
(거짓말 하지 말아라.)

I Rossi devono partire adesso. Rossi
(부부는 지금 출발해야만 한다.)

2) 필요성

Dobbiamo stare più attenti.
(우리는 좀 더 조심할 필요가 있다.)

Signora, Lei deve compilare questo modulo.
(부인, 이 양식을 작성하셔야 합니다.)

Devo comprare il latte.
(나는 우유를 사야 한다.)

4.2 sapere/desiderare/preferire

Sapere/ desiderare/ preferire는 동사 뒤에 목적어가 함께 오는 타동사로 법조동사처럼 목적어 대신 동사원형이 와서 각각 '~할 줄 안다/ ~하기를 원하다/ ~하는 것을 선호한다'라는 의미로 쓰이는 특이한 동사이다. 이탈리아어는 일반적으로 법조동사를 제외한 나머지 동사들은 동사 뒤에 바로 동사가 올 경우 a나 di와 같은 전치사를 동반해야 된다.

주격인칭 대명사	sapere (~할 줄 안다)	desiderare (~하기를 원하다)	preferire (~하는 것을 선호하다)
io	so	desidero	preferisco
tu	sai	desideri	preferisci
lui/lei/Lei	sa	desidera	preferisce
noi	sappiamo	desideriamo	preferiamo
voi	sapete	desiderate	preferite
loro	sanno	desiderano	preferiscono

sapere

타동사로 '~을 안다.'라는 의미로 쓰이는 sapere 뒤에 동사원형이 와서 조동사처럼 쓰이게 되면 '~할 줄 안다.'라는 능력의 의미를 나타낸다. 다른 조동사들과 마찬가지로 시제와 인칭의 정보를 조동사의 역할을 하는 sapere 동사가 갖는다.

Carlo sa l'indirizzo dell'ufficio.
(Carlo는 사무실의 주소를 안다.)

So nuotare.
(나는 수영 할 줄 압니다.)

Roberto sa guidare la macchina.
(Roberto는 자동차를 운전할 줄 안다.)

Gli studenti sanno contare fino a mille in inglese.
(학생들이 천까지 셀 줄 압니다.)

desiderare

타동사로 '~을 원한다.'라는 의미로 쓰이는 desiderare 뒤에 동사원형이 와서 조동사처럼 쓰이게 되면 '~하기를 원한다.'라는 의미를 나타낸다. 다른 조동사들과 마찬가지로 시제와 인칭의 정보를 조동사의 역할을 하는 desiderare 동사가 갖는다.

Desideriamo la Sua risposta al più presto possibile.
(우리는 최대한 빨리 당신의 답장을 원합니다.)

Emma desidera viaggiare a Parigi.
(Anna는 파리를 여행하기를 바란다.)

Desidero passare quell'esame con l'ottimo risultato.
(나는 그 시험을 최고의 결과로 통과하길 바랍니다.)

Desiderano dormire fino a tardi.
(그들은 늦게까지 자기를 원합니다.)

preferire

타동사로 '~을 선호하다.'라는 의미로 쓰이는 preferire 뒤에 동사원형이 와서 조동사처럼 쓰이게 되면 '~하기를 선호하다.'라는 의미를 나타낸다. 다른 조동사들과 마찬가지로 시제와 인칭의 정보를 조동사의 역할을 하는 preferire 동사가 갖는다.

Chi preferisci dei due?
(그 두 명 중에 누구를 더 선호하니?)

Preferisco il cappuccino.
(나는 카푸치노를 선호한다.)

Preferisci andare a piedi?
(걸어가기를 원하니?)

Preferisco finire i compiti prima di uscire di casa.
(집에서 외출하기 전에 나는 숙제를 끝내는 것을 선호한다.)

5. 동작동사(verbi di moto)와 전치사(preposizioni)

동작동사의 종류

장소의 위치나 시간의 지점 등의 변화 의미를 내포하는 동작동사는 주로 전치사구와 함께 와서 장소나 시간의 변화를 표현한다. 이탈리아어의 대표적인 동작동사에는 아래와 같은 것들이 있다.

arrivare(도착하다)	camminare(걷다)	correre(달리다)
girare(돌다)	giungere(도달하다)	andare(가다)
passare(통과하다)	salire(오르다)	venire(오다)
viaggiare(여행하다)	tornare(돌아가다/오다)	cadere(넘어지다)
entrare(들어가다)	scendere(내리다)	uscire(외출하다)
saltare(뛰어 넘다)	fuggire(도망치다)	scorrere(흐르다)
allontanarsi(멀어지다)*	trasferirsi(이사하다)*	sedersi(앉다)*

allontanarsi, trasferirsi, sedersi는 재귀형으로 쓰이는 동사이므로 주의한다. 재귀동사에 관해서는 6과를 참고하시오.

동작동사의 대표동사 네 가지는 다음과 같은 동사변화형을 갖는다.

주격인칭 대명사	andare	venire	salire	uscire
io	vado	vengo	salgo	esco
tu	vai	vieni	sali	esci
lui/lei/Lei	va	viene	sale	esce
noi	andiamo	veniamo	saliamo	usciamo
voi	andate	venite	salite	uscite
loro	vanno	vengono	salgono	escono

Vado all'università.
(나는 학교에 간다.)

Vai in biblioteca?
(도서관에 가니?)

Vieni al cinema?
(너 영화관에 올 거니?)

Vengo da Roma.
(Roma에서 왔어.)

Salgono le scale.
(그들은 계단을 오른다.)

La nonna sale con l'ascensore.
(할머니는 엘리베이터를 타고 올라간다.)

Matteo esce con Laura.
(Matteo는 Laura와 데이트 한다.)

Esco stasera.
(오늘 저녁 나는 외출한다.)

Vado al mare.
(나는 바다에 간다.)

Marco viene alle 9 del mattino.
(Marco는 아침 9시에 온다.)

Paolo vive negli Stati Uniti.
(Paolo는 미국에 산다.)

Beviamo del vino.
(우리는 와인을 조금 마신다.)

Dici sul serio?
(진지하게 말하는 거니?)

La bambina trema dal freddo.
(여자아이가 추위 때문에 몸을 떤다.)

6. 전치사

전치사·정관사 결합형

이탈리아어의 전치사에는 a, di, da, in, con, su, per, tra, fra와 같은 단순전치사와 davanti, dietro, sopra, sotto, dentro, vicino a, di fianco a, accanto a 등과 같은 복합전치사가 존재한다. 단순 전치사 중에서 a, in, su, di, da는 정관사와 결합하여 전치사관사 결합형을 만든다.

	a(to)	in(in)	su(on)	di(of)	da(by)
il	al	nel	sul	del	dal
lo	allo	nello	sullo	dello	dallo
l'	all'	nell'	sull'	dell'	dall'
la	alla	nella	sulla	della	dalla
i	ai	nei	sui	dei	dai
gli	agli	negli	sugli	degli	dagli
le	alle	nelle	sulle	delle	dalle

위의 전치사들은 뒤에 정관사가 올 경우 반드시 전치사관사 결합형으로 사용해야 되며, 정관사와 전치사 di의 결합형은 qualche나 alcuni/alcune와 같은 '몇몇의', '약간의'라는 불특정 다수의 의미를 나타낼 때 명사 앞에서 부정관사의 복수형처럼 쓰이기도 한다.

기능에 따른 전치사 분류

<a>

① 장소 → Abito a Venezia.
(나는 베네치아에 산다.)

② 거리 → La mia casa è a cento metri da qui.
(나의 집은 여기에서 백미터 거리에 있다.)

③ 시간 → Ci vediamo alle 17.
(우리 오후 5시에 보자.)

<in>

① 장소 → Vado in montagna.
(나는 산에 간다.)

② 시간 → Sono nata nel 1990.
(나는 1990년도에 태어났다.)

③ 한정성 → Luigi è bravo in filosofia.
(Luigi는 철학을 잘한다.)

④ 수단 → Vado in aereo.
(나는 비행기를 타고 간다.)

<di>

① 지정 → la penna di Alice
(Alice의 펜)

② 부분 → un po' di latte
(약간의 우유)

③ 근원 → sono di Seoul.
(나는 서울 출신이다.)

④ 장소 → dietro di te
(너의 뒤에)

⑤ 주제 → un romanzo d'amore
(사랑 이야기의 소설)

⑥ 방식 → È andato di corsa.
(그는 서둘러 갔다.)

⑦ 원인 → Ha riso di gioia.
(그는 기뻐서 웃었다.)

⑧ 시간 → di notte
(밤에)

⑨ 나이 → una bambina di diciotto mesi
(18개월짜리 여자아이

<da>

① 장소 → Vado dal dentista.
(나는 치과에 간다.)

② 근원지 → Parto dalla Francia.
(프랑스에서 출발한다.)

③ 원인 → Tremo dal freddo.
(나는 추워서 몸을 떤다.)

④ 가격 → un biglietto da 20 euro.
(20유로 짜리 티켓)

⑤ 시간 → da molto tempo
(아주 오래 전부터)

⑥ 목적 → occhiali da sole
(선글라스)

<per>

정관사·관사 결합형 존재하지 않음

① 목적지 → Partiamo per Roma.
(우리는 로마로 출발한다.)

② 시간 → Torno a casa per Natale.
(크리스마스에 집으로 돌아간다.)

③ 원인 → Mi preoccupo per te.
(너 때문에 걱정이다.)

④ 목적 → Questo è per te.
(이것은 너를 위한 것이다.)

<con>

정관사·관사 결합형이 경우에 따라 존재하지만 그 쓰임새가 드뭄

① 동반자 → Vengo con voi.
(너희와 함께 갈께.)

② 수단 → Scavo un buco con le mani.
(나는 구멍을 손으로 파낸다.)

③ 양상 → una ragazza con i capelli biondi
(금발의 머리카락을 가진 소녀)

<tra/fra>

정관사·관사 결합형 존재하지 않음

① 장소 → l'albergo si trova tra il negozio e il ristorante.
(그 호텔은 상점과 레스토랑 사이에 있습니다.)

② 시간 → Ci arrivo fra venti minuti.
(나는 이십 분 안에 도착한다.)

주의

Tra/fra는 같은 의미로 쓰이는 전치사이지만 뒤에 아래와 같이 tra나 fra가 각각 뒤에 t나 f로 시작하는 명사가 오는 경우 같은 자음이 오는 현상을 피하기 위해 fra와 tra로 대체하여 써준다.

~~tra~~ tre giorni → fra tre giorni
(삼일 내로)

~~fra~~ fratelli → tra fratelli
(형제들 사이에)

동작동사 andare/ venire + 전치사 in vs. a

동작동사 andare나 venire 뒤에 오는 전치사 in과 a는 '~에, ~로'의 의미로 쓰이지만 전치사 뒤에 오는 명사의 성격에 따라 in이 쓰일지 a가 쓰일지 결정된다.

IN	국가명: Francia, Inghilterra… 지역명: Toscana, Emilia Romagna… 큰 섬: Sicilia, Sardegna… -cia나 –teca로 끝나는 명사들: biblioteca, farmacia, libreria montagna, campagna, città ufficio macchina aereo treno	Vado in Francia. Siamo andati in Toscana. Vado in Sardegna. Va in biblioteca. Vado in farmacia. Quest'inverno vado in montagna. Andiamo in campagna. I miei amici vanno spesso in città.
A	도시이름: Roma, Parigi … 작은섬: Capri, Venezia… casa, scuola, letto, cena, teatro, cinema, università spasso, piedi	Vado a Parigi. Andiamo a Venezia. Vado a casa. Oggi non sono andato a scuola Vado a letto. Andiamo a cena da mia nonna. Mi piace andare a teatro Oggi me ne vado a spasso Vado a piedi.
DA	인명: Marco, Laura, Fabio... 강세형 인칭대명사: me, te, lui, lei, Lei, noi, voi, loro 직업명: medico, farmacista, dentista, nonno, zio...	Vado da mia nonna Vado da Luca. Sono andato dal farmacista. Vengo da te domani.

Esercizio

1. mangiare 동사를 주어의 인칭에 맞게 직설법현재로 인칭변화시키시오.

① io ➜

② tu ➜

③ lui/lei/Lei ➜

④ noi ➜

⑤ voi ➜

⑥ loro ➜

2. andare 동사를 주어의 인칭에 맞게 직설법현재로 인칭변화시키시오.

① io ➜

② tu ➜

③ lui/lei/Lei ➜

④ noi ➜

⑤ voi ➜

⑥ loro ➜

3. 다음의 빈칸에 알맞은 전치사 정관사 결합형을 넣으시오.

① Vado ________ mare.

② Paolo vive ________ Stati Uniti.

③ Vieni ________ cinema?

④ Vanno ________ università

⑤ Sono nata ________ 1990.

4. 다음의 빈칸에 알맞은 전치사를 넣으시오.

① Vado ________ montagna.

② Francesca abita ________ Roma.

③ Vado ________ Sicilia.

④ Il bambino va ________ dentista.

⑤ Un biglietto ________ 20 euro

Esercizio

5. 다음의 문장을 이탈리아어로 작문하시오.

① 나는 수영할 줄 안다.
② 우리는 커피 한 잔 마시고 싶습니다.
③ 그들은 숙제를 해야만 한다.
④ 나는 레드와인을 선호한다.
⑤ 들어가도 될까요?

① →

② →

③ →

④ →

⑤ →

ANSWER

1. ① mangio ② mangi ③ mangia ④ mangiamo ⑤ mangiate ⑥ mangiano
2. ① vado ② vai ③ va ④ andiamo ⑤ andate ⑥ vanno
3. ① al ② negli ③ al ④ all' ⑤ nel
4. ① in ② a ③ in ④ dal ⑤ da
5. ① Io so nuotare. ② Noi vogliamo bere(prendere) un caffè. ③ Loro devono fare i compiti.
④ Preferisco il vino rosso. ⑤ Posso entrare?

05

AGGETTIVO
형용사

05 형용사

Aggettivo

명사를 꾸며주거나 essere동사의 보어로서 쓰여 술어의 기능을 하는 형용사는 명사나 주어의 성과 수에 따라 어미가 변화한다. 형용사는 크게 자질형용사, 관계형용사, 소유형용사, 수 형용사, 지시형용사, 의문형용사로 나뉠 수 있다.

1. 자질 형용사

자질형용사는 남성형 어미 –o나 -e와 여성형 어미 –a나 –e로 나뉘며, 간혹 –ista, -cida, -ita로 끝나는 형태가 존재한다. –ista, -cida, -ita 와 같은 예외적인 경우를 제외하면, 보통 형용사 원형을 남성 단수형 어미인 –o나 –e를 기준으로 한다.

		단수형	복수형
-o로 끝나는 형용사	남성형 어미	-o	-i
	여성형 어미	-a	-e
-e로 끝나는 형용사	남성형/여성형 어미	-e	-i

1) –o로 끝나는 형용사

un ragazzo buono (착한 소년)
→ ragazzi buoni (착한 소년들)

una ragazza buona (착한 소녀)
→ ragazze buone (착한 소녀들)

2) –e로 끝나는 형용사

un libro facile (쉬운 책)
→ libri facili (쉬운 책들)

una macchina veloce (빠른 자동차)
→ macchine veloci (빠른 자동차들)

3) –ista, -cida, -ita 어미로 끝나는 형용사들

마지막 모음이 –a로 끝나는 위의 세가지 타입의 불규칙 형용사들은 남성단수와 여성단수모두 –ista, -cida, -ita의 어미를 취하며, 남성 복수일 경우는 –isti, -cidi, -iti로 여성 복수일 경우는 –iste, -cide, -ite로 변한다.

-ista

atteggiamento egoista
→ atteggiamenti egoisti (이기적인 태도)

pittrice surrealista
→ pittrici surrealiste (비현실주의 여화가)

-cida

istinto suicida
→ istinti suicidi (자살 본능)

volontà omicida
→ volontà omicide (살인 의지)

-ita

ebreo sefardita
→ ebrei sefarditi (세파르딕 유대인)

vescovo gesuita
→ vescovi gesuiti (예수회 주교)

tradizione sciita
→ tradizioni sciite (시아파 전통)

4) 발음 규칙 유지현상

-co나 –go로 끝나는 형용사는 복수형 어미인 –e/-i로 변할 때 [k], [g]의 발음 규칙을 지켜주기 위해 묵음인 –h를 넣어 –che/-chi나 –ghe/-ghi로 변화시켜 준다.

-co/-go	단수형	복수형
남성	-co/-go	-chi/-ghi
여성	-ca/-ga	-che/-ghe

armadio antico
→ armadi antichi (엔티크한 옷장)

casa antica
→ case antiche (엔티크한 집)

fiume largo
→ fiumi larghi (넓은 강)

strada larga
→ strade larghe (넓은 길)

주의

-co로 끝나는 형용사 중 뒤에서 세 번째 모음에 강세가 오는 경우는 남성 복수형 어미로 변할 경우 –ci가 되므로 유의해야 한다. 여성형 어미의 경우에는 -ca에서 –che로 발음 규칙을 유지해준다.

pratico
→ pratici (실용적인)

pratica
→ pratiche

problematico
→ problematici (문제적인)

problematica
→ problematiche

5) 강세형 ì, 약세형 i

어미가 –io로 끝나는 형용사는 –io의 i가 약모음인 경우에는 남성 복수형이 –i로, 강모음인 경우에는 남성 복수형이 –ii로 변한다.

-io	단수형	복수형	
남성	-io	-i (약세형)	-ìi (강세형)
여성	-ia	-ie	

ritmo vario
→ ritmi vari (다양한 리듬)

vegetazione varia
→ vegetazioni varie(다양한 식물군)

atteggiamento pio
→ atteggiamenti pii (경건한 태도)

persona pia
→ persone pie (경건한 사람)

6) 형태가 불변하는 형용사

pari

'~와 같은'이란 뜻의 형용사 pari는 명사의 성과 수에 따라 형태가 불변하는 특수한 형용사로서, 여기서 파생된 impari나 dispari도 형태가 불변하여 명사를 꾸며준다.

numero pari
→ numeri pari (짝수)

cifra pari
→ cifre pari (같은 총액)

몇몇 색 형용사

rosa(분홍색), marrone(갈색), blu(파란색), iola(보라색), arancio(오렌지색), lilla(라일락색), avana(옅은 갈색), beige(베이지색)

l'abito rosa
→ gli abiti rosa (분홍색 옷)

la maglia blu
→ le maglie blu (파란 스웨터)

la cravatta viola
→ le cravatte viola (보라색 넥타이)

색을 응용한 재미있는 표현들

diventare di tutti i colori
→ 당황하여 얼굴이 빨개지다.

Quando mi ha fatto questa domanda sono diventato di tutti i colori.
(그가 나에게 이 질문을 했을 때 나는 당황해서 얼굴이 빨개졌다.)

essere al verde
→ 파산하다./ 돈이 없다.

Puoi offrimi la cena? Sono al verde.
(나에게 저녁 사줄 수 있니? 나 돈이 없어.)

essere nero
→ 우울하다.

Quando ho incontrato Enrico, era nero.
(내가 Enrico를 만났을 때, 그는 우울해하고 있었다.)

mettere nero su bianco
→ 명백히 하다.

Per evitare problemi, è necessario mettere tutto nero su bianco.
(문제를 피하기 위해, 모든 것을 명백히 할 필요가 있습니다.)

7) 명사의 첫 글자에 따라 형태가 변하는 형용사

이탈리아어의 형용사는 불규칙한 몇몇 경우를 제외하고 명사의 성과 수에 따라 일치 현상이 일어나지만, buono(좋은), bello(아름다운), grande(위대한), santo(성스러운)과 같은 형용사들은 명사 앞에 위치하여 명사를 수식할 경우 명사의 첫 글자에 따라 다음과 같이 변한다.

	gn/pn/ps/z/x/s+자음 or i(y)+모음으로 시작하는 명사	자음으로 시작하는 명사	모음으로 시작하는 명사	여성 명사 앞	명사 뒤에서 수식하는 경우
buono	buono scherzo → buoni scherzi	buon padre → buoni padri	buon amico → buoni amici	buon' amica* → buone amiche (*모음으로 시작하는 여성 단수명사가 오는 경우 buon' 축약형을 쓴다.) buona zia → buone zie	biscotto buono → biscotti buoni mela buona → mele buone
bello	bello zaino → begli zaini	bel cane → bei cani	bell' uomo → begli uomini	bell' amica* → belle amiche (*모음으로 시작하는 여성 단수명사가 오는 경우 bell' 축약형을 쓴다.) bella donna → belle donne	cane bello → cani belli gatta bella → gatte belle
grande	grande specchio →grandi specchi	gran(grande) sogno →grandi(gran) sogni	grande amico →grandi amici	gran(grande) donna, amica →grandi donne, amiche	sogno grande →sogni grandi scarpa grande → scarpe grandi
santo	Santo* Stefano →Santi Stefano e Luigi (*오직 s로 시작 하는 이름이 올 경우에만 santo가 온다.)	San Giulio, Francesco, Saverio →Santi Pietro e Paolo	Sant' Antonio → Santi Aimo e Vermondo	Sant' Adele* →Sante Adele e Maria (*모음으로 시작하는 여성 단수명사가 오는 경우 Sant' 축약형을 쓴다.) Santa Paola →Sante Teresa e Maria	

buono는 이탈리아어의 부정관사(un, uno, una, un')처럼 변하는 형용사이며, bello는 이탈리아어의 정관사(il, lo, l', i, gli, la, le)처럼 변하는 형용사이다. 다시 말해 3과에서 다뤘던 명사의 첫 글자에 따른 관사의 형태 결정 규칙을 buono와 bello와 같은 형용사들이 그대로 따른다는 것이다. 이러한 성격을 가진 형용사에는 지시형용사인 quello(저것)가 존재하며 bello처럼 정관사 규칙을 따라 아래와 같이 변한다.

정관사	지시형용사 quello	예
il	quel	quel ragazzo
lo	quello	quello zaino
l'	quell'	quell' uomo
i	quei	quei ragazzi
gli	quegli	quegli uomini
la	quella	quella donna
l'	quell'	quell' amica
le	quelle	quelle donne, quelle amiche

2. 자질형용사의 위치

일반적인 형용사의 위치

이탈리아어에서 형용사는 크게 자질형용사(aggettivi qualificativi)와 한정형용사(aggettivi determinativi)로 나뉘는데 형용사의 성격에 따라 수식해주는 명사의 앞이나 뒤에 올 수 있다. 몇몇 특정경우에 해당하는 형용사를 제외하고는 이탈리아어에서 형용사는 명사 앞이나 뒤 모두 위치가 가능하다.

una *bella* ragazza
(아름다운 소녀)

un uomo *simpatico*
(친절한 남성)

il cielo *sereno*
(맑은 하늘)

la zia *brutta*
(못생긴 숙모)

항상 명사 뒤에서 수식하는 경우

1) 관계형용사(aggettivi relazionali)

자질형용사에 속하는 관계형용사는 명사에서 파생된 형용사(anno → annuale, economia → economico)로 문장 상에서 세 가지의 제약을 받는다.

① 항상 명사 뒤에서 수식한다.

la stella polare
(북극성)

la zona tropicale
(열대성 지역)

la crisi economica
(경제위기)

gli studi danteschi
(단테 연구)

② 비교급이나 최상급 표현이 존재하지 않는다.

(비문) la zona più tropicale

(비문) la zona tropicalissima

③ 동사의 보어로 술어기능을 할 수 없다.

(비문) la crisi è economica.

(비문) l'anno è finanziario

주의

명사에서 파생된 관계형용사는 보통 다음과 같은 어미를 갖는다.

어미	명사형	관계형용사형
-ale	inizio	iniziale
-ano	paese	paesano
-oso	nervo	nervoso
-are	luna	lunare
-(i)**ario**	banca	bancario
-(i)**ano**	Cristo, Roma	cristiano, romano
-ico	storia	storico
-ista	folklore	folkloristico
-istico	calcio	calcistico

2) 색, 국적, 모양, 종교, 계층을 나타내는 형용사

la camicia bianca
(흰 셔츠)

il gatto nero
(검은 고양이)

la ragazza italiana
(이탈리아 소녀)

un prodotto americano
(미국 제품)

lo specchio ovale
(타원형 거울)

la forma rotonda
(둥근 형태)

la scuola elementare
(초등학교)

la scuola media
(중학교)

3) 두 개 이상의 형용사가 명사를 수식하는 경우

l'uomo ricco e generoso
(부유하고 관대한 남자)

una ragazza bella, simpatica e intelligente
(아름답고 친절하고 똑똑한 소녀)

4) 부사가 형용사를 수식하는 경우

la valigia molto pesante
(매우 무거운 여행가방)

l'esame troppo difficile
(너무 어려운 시험)

수식하는 위치에 따라 의미가 달라지는 형용사들

이탈리아어의 자질 형용사 중 몇몇은 명사의 앞에 오느냐 뒤에 오느냐에 따라 그 의미가 변한다. 다음은 자질 형용사 중 위치에 따라 의미가 변하는 대표적인 형용사들이다.

	형용사 + 명사	명사 + 형용사
vecchio	la vecchia amica (오래된 친구)	l'amica vecchia (늙은 친구)
gentile	un gentil uomo (신사)	un uomo gentile (친절한 남자)
povero	il povero ragazzo (불쌍한 소년)	il ragazzo povero (가난한 소년)
nuovo	la nuova macchina (신형 차)	la macchina nuova (새로 산 자동차)
grande	un grande uomo (위인)	un uomo grande (거대한 남자)
certo	una certa persona (어떤 사람)	la persona certa (확실한 사람)
sempli-ce	una semplice domanda (유일한 질문 하나)	una domanda semplice (쉬운 질문)
alto	un alto avvocato (지위가 높은 변호사)	un avvocato alto (키가 큰 변호사)
diverso	le diverse questioni (다양한 질문)	le questioni diverse (서로 다른 질문)

3. 한정형용사

한정형용사는 명사의 앞이나 뒤에서 명사를 수식하며 소유적 의미나 지시적 의미 혹은 부정(indefinito)적 의미나 의문사적 의미를 부여하여 명사의 특성이나 상태를 한정하는 기능을 한다. 한정형용사는 크게 소유형용사, 지시형용사, 부정형용사, 의문형용사로 나눌 수 있다.

3.1 소유형용사

이탈리아어의 소유형용사는 명사구 내에서 크게 두 가지의 정보를 제공한다. 첫째, 소유주의 인칭에 관한 정보와 둘째, 소유물의 성과 수에 관한 것이다. 주의를 할 점은 소유형용사의 성수 일치는 소유주가 아닌 피소유물과 일치시켜야 한다. 또한, 원칙적으로 명사구 내에서 정관사 혹은 부정관사와 함께 온다.

소유형용사의 형태

	단수형		복수형	
인칭	남성	여성	남성	여성
1인칭단수	mio	mia	miei	mie
2인칭 단수	tuo	tua	tuoi	tue
3인칭 단수/존칭	suo/Suo	sua/Sua	suoi/Suoi	sue/Sue
1인칭 복수	nostro	nostra	nostri	nostre
2인칭 복수	vostro	vostra	vostri	vostre
3인칭 복수	loro	loro	loro	loro
3인칭 단복수	proprio	propria	propri	proprie
3인칭 단복수 (불특정 다수)	altrui	altrui	altrui	altrui

il mio libro
i miei libri
(나의 책들)

la mia penna
le mie penne
(나의 펜들)

il tuo giocattolo
i tuoi giocattoli
(너의 장난감들)

il suo quaderno
i suoi quaderni
(그(그녀)의 공책들)

la vostra chiave
le vostre chiavi
(너희들의 열쇠들)

il proprio denaro
i propri soldi
(그(그녀, 그들)의 돈)

il bene altrui
(다른 사람들의 편의)

le opinioni altrui
(다른 사람들의 의견들)

❗ 주의

3인칭 복수 소유격인 loro형은 소유물의 성과 수에 관계없이 형태가 동일하며 관사로 구분해 준다.

la loro foto
le loro foto
(그들의 사진들)

il loro ufficio
i loro uffici
(그들의 사무실들)

❯ 가족명을 나타내는 단수 명사 앞 소유형용사의 정관사 탈락현상

원칙적으로 형용사의 수식을 받는 명사구는 정관사든 부정관사든 함께 오는 것이 원칙이나, 가족명을 나타내는 단수 명사를 수식하는 소유격 형용사를 가진 명사구에서는 정관사의 탈락 현상이 일어난다. 그러나 소유격형용사 loro의 경우에는 위의 사항이 해당되지 않으므로 주의해야 한다.

1) 가족명을 나타내는 명사들과 정관사 탈락현상

padre, madre, nonno, nonna, figlio, figlia, fratello, sorella, zio, zia, cugino, cugina, nipote, suocero, suocera, genero, nuora, marito, moglie, cognato, cognata

mio padre
(나의 아버지)

mia madre
(나의 어머니)

suo marito
(그녀의 남편)

sua moglie
(그의 아내)

vostro figlio
(너희의 아들)

vostra figlia
(너희의 딸)

단, 가족명이 복수형인 경우나 소유격형용사가 loro가 올 경우 아래와 같이 정관사가 함께 온다.

i vostri figli
(너희들의 자식들)

le vostre figlie
(너희들의 딸들)

i nostri cugini
(우리의 사촌들)

il loro figlio
(그들의 아들)

la loro figlia
(그들의 딸)

i loro figli
(그들의 자식들)

le loro mogli
(그들의 아내들)

❗ 주의

단수 형태의 가족명일지라도 애칭이나 형용사의 수식을 받는 경우에는 정관사가 함께 와야 한다.

il mio nonnino
(나의 할아버지)

la tua nonnina
(너의 할머니)

la sua mamma
(그(그녀)의 엄마)

il nostro papà(babbo)
(우리의 아빠)

il mio fratellino
(나의 어린 남동생)

la vostra sorellina
(너희의 어린 여동생)

il mio nipotino
(나의 어린(귀여운) 조카)

il mio fratello minore/maggiore
(나의 남동생/ 나의 형(오빠))

la mia sorella sposata
(나의 결혼한 누이)

2) 소유형용사의 수식을 받는 명사구는 소유형용사 대신 전치사 di와 강세형 대명사를 사용하여 한정의 의미를 부여할 수 있다.

il suo vestito = il vestito di lui/lei
(그/그녀의 옷)

la mia casa = la casa di me
(나의 집)

la loro macchina = la macchina di loro
(그들의 자동차)

le tue scarpe = le scarpe di te
(너의 신발)

3) '~의 것'이란 의미로 쓰일 수 있는 소유대명사는 명사를 생략한 채 정관사와 함께 소유형용사를 사용하여 만들 수 있다. 이때 정관사와 소유형용사는 생략된 명사의 성과 수에 일치시킨다.

Questo ombrello è di Maria. Il mio invece è blu.
(이 우산은 Maria의 것이다. 반면에 나의 것은 파란색이다.)

Questi libri sono i miei.
(이 책들은 나의 것이다.)

Ognuno ha il diritto di dire la sua.
(모두는 자신의 의견을 말할 권리가 있다.)

La mia mela è verde, la sua è rossa.
(나의 사과는 초록색인데, 그(그녀)의 것은 빨간 색이다.)

3.2 지시형용사

지시형용사란 수식하는 명사를 시간과 공간의 근접성을 기준으로 한정 짓는 역할을 한다. 즉, 화자나 대담자로부터 가까운 거리에 있는 것은 questo(이것의)로 먼 거리에 있는 것은 quello(저것의, 그것의)로 구분할 수 있다. 위의 두 단어는 모두 명사를 수식하는 형용사이므로 명사의 성과 수에 따라서 형태가 달라진다.

❗ 주의

Questo(이것)와 quello(저것, 그것)의 사이에 codesto라는 지시형용사가 존재하나 거의 쓰이지 않는다. 이탈리아어의 지시형용사는 항상 명사의 앞에서 수식하며, 관사와 함께 올 수 없다.

❯ 지시형용사 questo/quello 형태

<questo>

	단수	복수
남성	questo	questi
여성	questa	queste

questo libro
(이 책)
questi libri
(이 책들)

questa penna
(이 펜)
queste penne
(이 펜들)

지시형용사 quello는 정관사 규칙에 따라 변하는 형용사로 수식하는 명사의 성과 수, 그리고 첫 글자에 따라 다음과 같은 형태를 가진다.

<quello>

남성정관사 단수형	남성정관사 복수형	규칙	예
quel	**quei**	자음으로 시작하는 명사	Quel tavolo → quei tavoli
quello	**quegli**	gn/pn/ps/z/x/s+자음 or i(y)+모음으로 시작하는 명사	quello gnomo → quegli gnomi quello sbaglio → quegli sbagli
quell'	**quegli**	모음으로 시작하는 명사	quell'incendio → quegli incendi

여성정관사 단수형	여성정관사 복수형	규칙	예
quella	**quelle**	자음으로 시작하는 명사 or ia/ie/io/iu로 시작하는 여성명사	quella sedia → quelle sedie
quell'	**quelle**	모음으로 시작하는 명사	quell'anima → quelle anime

❯ 지시형용사 questo/quello의 용법

1) 지시형용사 questo는 화자로부터 가까운 사람이나 사물 등을 가리킬 때 쓰인다.

① 공간적인 근접성

Questo bambino cresce a vista d'occhio.
(이 남자아이는 눈 앞에서 자라고 있다.)

② 시간적인 근접성

Questo pomeriggio vado in biblioteca.
(오늘 오후에 나는 도서관에 간다.)

③ 대화 속 내용을 언급할 때

Queste minacce non m'intimoriscono.
(이러한 협박들은 나를 위협하지 않는다.)

2) questo가 모음으로 시작하는 단수명사를 만나면 quest'로 축약될 수 있다. 단, 모음으로 시작하는 복수 명사의 경우에는 모음축약현상이 일어나지 않는다.

quest'anno (올해에)
→ questi anni (최근 몇년에)

quest'isola(이 섬)
→ queste isole(이 섬들)

3) 여성 단수형인 questa는 경우에 따라서 sta 접두사로 대체 될 수 있다.

questa mattina
→ stamattina (오늘 아침에)

questa sera
→ stasera (오늘 저녁에)

questa notte
→ stanotte (오늘 밤에, 간밤에)

questa volta
→ stavolta (이번에)

4) 의미적으로 가까운 것과 먼 것을 구분하는 questo와 quello 사이에 중간 거리의 의미를 가진지시형용사 codesto 존재한다. 주로 codesto는 화자로 부터 멀고 청자에게는 가까운 사람이나 사물을 가리키는데, 현대 이탈리아어에서는 codesto를 quello로 대체하여 사용하고 있다.

codesto quaderno
codesti quaderni
(그 노트들)

codesta casa
codeste case
(그 집들)

codest'uomo
codesti uomini
(그 사람들)

codest'amica
codeste amiche
(그 여자친구들)

5) questo, codesto, quello 지시형용사는 장소부사인 qui나 qua, costì 나 costà, lì나 là와 함께 쓰여 그 의미를 강조 할 수 있다.

Voglio questo gelato qui.
(나는 바로 여기 있는 젤라토를 원한다.)

Prendi questa sedia qua.
(여기 있는 이 의자를 가져가라.)

Quel palazzo lì.
(저기 저 건물)

Quel tipo là.
(저기 저 타입)

6) costì, costà, costaggiù, costassù는 토스카나에서 주로 쓰는 지시형용사다.

3. 3 의문형용사

의문형용사는 명사 앞에 와서 의문문을 만들어 주는 형용사 이다. 오직 명사 앞에 위치하여 명사를 수식하며, 관사와는 함께 쓰일 수 없다. 의문형용사 che(무슨)를 제외한 quale(어떤)와 quanto(얼마나)는 뒤에 오는 명사의 성과 수에 따라 변화해야 한다.

che (무슨)	quale (어떤)	quanto (얼마나)
che + 명사	quale + 단수명사	quanto + 남성단수명사
		quanta + 여성단수명사
	quali + 복수명사	quanti + 남성복수명사
		quante + 여성복수명사

Che cosa leggi?
(무엇을 읽고 있니?)

Che lavoro fai?
(어떤 일을 하니?)

Quale film preferisci?
(어떤 영화를 선호하니?)

Quali libri vuoi?
(어떤 책을 원하니?)

Quanti soldi hai?
(돈을 얼마나 가지고 있니?)

Quante ragazze ci sono in aula?
(교실에 몇 명의 여학생들이 있습니까?)

Esercizio

1. 다음의 문장에서 형용사에 밑줄을 그으시오.

C'è una grande piscina.

La torta ha un buon profumo.

Cerco un vestito nero.

Compro lo specchio ovale.

L'insegnante ha un'espressione severa.

2. 다음의 문장에 알맞은 형용사를 넣으시오.

① il bambino è stanco.
➔ i bambini sono ________.

② Lisa legge una rivista femminile.
➔ Lisa legge delle riviste ________.

③ Cristina è intelligente.
➔ Cristina e Maria sono ________.

④ Matteo è un bravo scolaro.
➔ Matteo e Giorgio sono ________ scolari.

⑤ L'alunno è allegro.
➔ Gli alunni sono ________.

3. 다음의 문장에 알맞은 소유형용사를 넣으시오.

① il ________ zaino (io)

② la ________ bicicletta (loro)

③ i ________ amici (lui)

④ il ________ cane (Maria)

⑤ le ________ scarpe (tu)

4. 다음의 빈칸에 알맞은 지시형용사를 넣으시오.

① Su ________ (quello) barca c'è Pietro.

② ________ (questo) mele sono molto gustose.

③ ________ (quello) stadio è pieno di tifosi.

④ ________ (questo) musicisti sono bravi.

⑤ Posso vedere ________ (quello) fotografe?

5. 다음의 빈칸에 알맞은 의문형용사를 넣으시오.

① ________ film andiamo a vedere stasera?

② ________ zucchero vuoi nel cafè?

③ Voglio sapere ________ soldi hai speso lo scorso weekend.

④ ________ tempo fa al mare?

⑤ ________ volte hai letto questo libro?

ANSWER

1. ① C'è una grande piscina. ② La torta ha un buon profumo. ③ Cerco un vestito nero. ④ Compro lo specchio ovale. ⑤ L'insegnante ha un'espressione severa
2. ① stanchi ② femminili ③ intelligenti ④ bravi ⑤ allegri
3. ① mio ② loro ③ suoi ④ suo ⑤ tue
4. ① quella ② queste ③ quello ④ questi ⑤ quelle
5. ① quale ② quanto ③ quanti ④ che ⑤ quante

Promemoria

06

VERBI RIFLESSIVI

재귀동사

06 재귀동사

Verbi Riflessivi

재귀동사란 영어의 myself, yourself등에 해당하는 이탈리아어의 재귀대명사 mi, ti, si, ci, vi, si와 함께 쓰이는 동사를 말한다. 재귀동사는 주로 동사의 행위가 목적어가 아닌 주어 자신에게 영향을 줄 경우에 쓰이거나 상호작용을 표현할 때 쓰일 수 있다.

1. 재귀대명사 형태

재귀대명사는 주어의 인칭에 따라서 6가지의 형태로 나뉘며, 재귀대명사가 문장의 주격 인칭 정보를 담고 있기 때문에 재귀동사구문에서는 주격인칭대명사를 따로 쓰지 않는다.

주격인칭 대명사	재귀 대명사	lavarsi (씻다)	vestirsi (옷 입다)	Sedersi (앉다)
io	mi	mi lavo	mi vesto	Mi siedo
tu	ti	ti lavi	ti vesti	Ti siedi
lui/lei/ Lei	si	si lava	si veste	Si siede
noi	ci	ci laviamo	ci vestia-mo	Ci sedia-mo
voi	vi	vi lavate	vi vestite	Vi sedete
loro	si	si lavano	si vestono	Si siedono

재귀대명사는 동사원형과 함께 올 경우 동사원형의 마지막 모음 –e를 탈락시키고 재귀대명사와 결합한다. 동사원형 뒤에 재귀대명사 si가 결합했을 경우를 재귀동사원형이라고 부른다.

lavare + si
→ lavarsi (씻다.)

sedere + si
→ sedersi (앉다.)

vestire + si
→ vestirsi (옷 입다.)

chiamare + si
→ chiamarsi (이름이 ~이다.)

❗ 주의

lavare(씻기다), sedere(앉히다), vestire(옷을 입히다), chiamare(부르다) 등과 같은 동사들은 타동사로 목적어를 보어로 취하는 동사들 이지만, 재귀대명사와 함께 쓰이면 목적어가 아닌 주어 자신에게 동작이 되돌아 오는 특징을 갖고 있다.

Io alzo il volume della radio.
(나는 라디오의 볼륨을 높인다.)
(주어의 행위가 목적어에 영향을 줌)

Mi alzo alle 6 di mattina.
(나는 아침 6시에 일어난다.)
(주어의 행위가 주어 자신에게 되돌아옴)

Donatella lava i piatti.
(Donatella는 설거지를 한다.)
(주어의 행위가 목적어에 영향을 줌)

Donatella si lava le mani.
(Donatella는 손을 씻는다.)
(주어의 행위가 주어 자신에게 되돌아옴)

2. 재귀동사 용법

1) 본질적·형식적 재귀동사(verbi riflessivi propri e apparenti)

재귀동사는 대표적으로 동사의 행위가 주어 자신에게 되돌아오는 경우에 쓰인다. 이를 본질적·형식적 재귀동사라 부르며 대표적으로 다음과 같은 동사들이 재귀동사형으로 많이 쓰인다.

대표적 재귀동사들

alzarsi	잠자리에서 일어나다
svegliarsi	잠에서 깨다
addormentarsi	잠들다
sentirsi	상태가 ~하다/ 느끼다
chiamarsi	이름이 ~이다
sedersi	앉다
accorgersi di~	~을 깨닫다
arrabbiarsi con~	~한테 화나다
dimenticarsi di~	~하는 것을 잊다
interessarsi di~	~에 흥미가 있다
spaventarsi per~	~때문에 놀라다
stancarsi	피곤하다
vestirsi	옷입다
mettersi	입다/신다/(모자를)쓰다
svestirsi	옷 벗다
togliersi/levarsi	벗다
annoiarsi	지겨워하다
occuparsi di~	~에 전념하다
lavarsi	씻다
accontentarsi di~	~에 만족하다
pettinarsi	머리 빗다
riunirsi	모이다
riposarsi	휴식을 취하다
affrettarsi	서두르다
presentarsi	자기자신을 소개하다
fermarsi	멈추다
avvicinarsi	다가가다
lamentarsi	후회하다
truccarsi	화장하다

A che ora ti alzi la mattina?
(아침 몇 시에 일어나니?)

Ogni mattina mi alzo alle sei.
(나는 매일 아침 6시에 일어난다.)

Lei si trucca prima di uscire.
(그녀는 외출 전에 화장을 한다.)

Di solito mi lavo le mani con l'acqua calda.
(보통 나는 손을 따뜻한 물로 닦는다.)

Mi lavo i denti.
(나는 이를 닦는다.)

Mi metto gli occhiali da sole.
(나는 선글라스를 쓴다.)

Mi pettino i capelli.
(나는 머리카락을 빗는다.)

주의

재귀동사 구문에 lavarsi le mani(손을 씻다)와 같이 주어의 신체부위가 나올 경우 '자신의 손'이란 의미로 mie, tue, sue 등과 같은 소유격형용사는 함께 쓰일 수 없다. 왜냐하면, '자기 자신의'란 의미로 이미 재귀대명사 mi, ti, si 등이 문장 내에서 쓰였기 때문이다.

Mi lavo le ~~mie~~ mani.
(나는 손을 닦는다.)

Si lava i ~~suoi~~ denti.
(그는 이를 닦는다.)

sentirsi를 활용한 여러 가지 관용표현들

Mi sento bene.
(나는 기분(상태)이 좋다.)

Mi sento meglio.
(기분(상태)이 더 나아졌다.)

Mi sento male.
(기분(상태)이 나쁘다.)

Mi sento peggio.
(기분(상태)이 더 나빠졌다.)

Mi sento stanco/a.
(나는 피곤하다.)

Si sente giù.
(그는 우울하다.)

Si sente solo/a.
(그는/그녀는 외롭다.)

Mi sento a mio agio
(나는 마음이 편하다.)

Mi sento a disagio
(나는 마음이 불편하다.)

Si sentono in colpa
(그들은 죄책감을 느낀다.)

Ci sentiamo responsabili
(우리는 책임감을 느낀다.)

Mi sento soffocare
(나는 숨막힐 거 같다.)

Mi sento morire
(나는 죽을 것 같이 힘들다.)

2) 상호 재귀동사

재귀동사는 복수형의 주어가 서로에게 영향을 줄 경우 쓰일 수 있다. 따라서 이때 쓰일 수 있는 재귀대명사는 복수형 재귀대명사인 1인칭복수형 ci나 2인칭복수형 vi, 3인칭복수형 si 만이 있을 수 있다. 대표적으로 상호작용의 의미로 쓰일 수 있는 재귀동사로는 다음과 같은 것이 있다.

abbracciarsi
(껴안다)

amarsi
(사랑하다)

baciarsi
(키스하다)

incontrarsi
(만나다)

salutarsi
(인사하다)

separarsi
(헤어지다)

dividersi
(나누다)

stringersi le mani
(악수하다)

Ci abbracciamo.
(우리는 포옹한다.)

Vi abbracciate.
(너희는 포옹한다.)

Si abbracciano.
(그들은 포옹한다.)

Ci stringiamo le mani.
(우리는 악수를 한다.)

Vi stringete le mani.
(너희는 악수를 한다.)

Si stringono le mani.
(그들은 악수를 한다.)

3) 동사의 강조용법

자기 자신에게 일어나는 행위가 아니거나 혹은 상호 작용을 하는 경우가 아닌데, 동사에 재귀대명사가 함께 쓰일 경우는 강조의 쓰임새로 해석 될 수 있다.

È troppo tardi. Me ne vado.
(너무 늦었다. 나 간다.)

Non mi fumo le sigarette.
(나는 담배피지 않는다.)

Non mi mangio la carne.
(나는 고기를 먹지 않는다.)

Mi compro questa borsa.
(나는 이 가방을 산다.)

3. 법조동사와 함께 쓰인 재귀동사

재귀동사는 문장 상에서 단독으로 쓰이기도 하지만 volere, potere, dovere 등과 같은 조동사와 함께 올 수도 있다. 이 경우 재귀동사는 조동사의 뒤에 동사원형의 형태로 오게 되며 재귀 대명사는 원형인 재귀동사 어미의 뒤에 붙거나 혹은 조동사의 앞에 위치할 수 있다. 이때, 모든 시제와 법, 인칭에 대한 정보는 동사원형인 재귀동사가 아닌 조동사가 갖게 된다.

Voglio mettermi queste scarpe.
→ Mi voglio mettere queste scarpe.
(나는 이 신발을 신고 싶다.)

Devi lavarti i denti.
→ Ti devi lavare i denti.
(너는 이를 닦아야 한다.)

Può sedersi qui.
→ Si può sedere qui.
(여기 앉으셔도 됩니다.)

Non vogliamo incontrarci.
→ Non ci vogliamo incontrare.
(우리는 만나고 싶지 않습니다.)

Non posso riposarmi in quest'albergo.
→ Non mi posso riposare in quest'albergo.
(나는 이 호텔에서 쉴 수 없다.)

Non devi dimenticarti dell'appuntamento.
→ Non ti devi dimenticare dell'appuntamento.
(너는 약속에 대해서 잊으면 안 된다.)

Esercizio

1. 다음의 문장 중 상호작용의 재귀대명사가 있는 문장을 고르시오.

① Mi arrabbio per il suo comportamento.

② Si lavano le mani.

③ Ci sentiamo spesso.

④ Ti ricordi di me?

⑤ Come ti chiami?

2. 다음의 괄호 안의 동사를 직설법 현재시제로 바꾸시오.

① Come ________ (chiamarsi) la ragazza di Giorgio?

② Gino ________ (vestirsi) sempre molto bene.

③ I ragazzi ________ (svegliarsi) ogni giorno alle sette.

④ Quando sono stanco ________ (addormentarsi) subito.

⑤ Piero, ________ (lavarsi) le mani prima di mangiare?

3. 다음의 빈칸에 알맞은 재귀 대명사를 넣으시오.

① Ogni giorno ________ alziamo alle otto.

② ________ preparate per l'esame d'italiano?

③ Dove ________ trova il Colosseo?

④ Come ________ chiama la ragazza di Giorgio?

⑤ Io e Alessandro ________ divertiamo moltissimo.

4. Volere/potere/dovere와 함께 재귀동사구문을 완성하시오.

① Voglio (mettersi) queste scarpe. ➜

② Posso (alzarsi) più tardi? ➜

③ Dovete (svegliarsi) presto. ➜

④ Non vogliamo (sedersi) qui. ➜

① ➜

② ➜

③ ➜

④ ➜

ANSWER

1. ③
2. ① si chiama ② si veste ③ si svegliano ④ mi addormento ⑤ ti lavi
3. ① ci ② vi ③ si ④ si ⑤ ci
4. ① Mi voglio mettere queste scarpe./ voglio mettermi queste scarpe.
   ② Mi voglio alzare più tardi?/ Posso alzarmi più tardi?
   ③ Vi dovete svegliare presto./ Dovete svegliarvi presto.
   ④ Non ci vogliamo sedere qui./ non vogliamo sederci qui.

Promemoria

07

PRONOME PERSONALE COMPLEMENTO

보어인칭대명사

07

보어인칭대명사

Pronome Personale complemento

문장에서 보어의 역할을 하는 인칭대명사는 강세형 대명사(forma tonica o forte)와 약세형 대명사(forma atona o debole) 두 가지로 구분할 수 있다. 강세형 대명사는 문장 상에서 직접목적격보어로 쓰이거나 혹은 인칭대명사가 전치사를 뒤 따를 때 쓰일 수 있다. 약세형 대명사는 직접목적격대명사와 간접목적격대명사, 재귀대명사로 나뉠 수 있으며 각각의 형태는 다음과 같다.

	강세형대명사	직접목적격대명사	간접목적격대명사	재귀대명사
1인칭단수형	me	mi	mi	mi
2인칭단수형	te	ti	ti	ti
3인칭단수형	lui, esso lei, essa sé(재귀대명사강세형)	lo la La(존칭형)	gli le Le(존칭형)	si
1인칭복수형	noi	ci	ci	ci
2인칭복수형	voi	vi	vi	vi
3인칭복수형	loro, essi loro, esse sé(재귀대명사 강세형)	li le	gli gli	si

1. 강세형 대명사의 용법

강세형 대명사는 타동사 문장에서 ① 동사의 목적보어자리에 오거나, ② 전치사의 뒤에 인칭대명사가 올 경우 쓰일 수 있다. 전치사 a와 강세형 대명사가 결합하면 '~에게'란 뜻으로 간접목적격 대명사를 대체할 수 있다. 단, '그들에게'를 전치사 a + 강세형대명사 3인칭 복수형 loro로 쓸 경우에는 a loro가 아닌 loro로 전치사 a를 생략하여 쓰므로 주의해야 한다.

Tutti ti cercano.
(모두들 너를 찾는다.)
(약세형 직접목적격대명사)

Tutti cercano te.
(모두들 너를 찾는다.)
(강세형 대명사)

Gli abbiamo telefonato ieri sera.
(어제 저녁에 우리는 그/그들에게 전화했다.)
(약세형 간접목적격대명사)

Abbiamo telefonato **(a) loro** ieri sera.
(어제 저녁에 우리는 그들에게 전화했다.)
(강세형대명사)

Li ho chiamati tante volte.
(나는 그들에게 여러 번 전화했다.)
(약세형 직접목적격대명사)

Ho chiamato **loro** tante volte.
(나는 그들에게 여러 번 전화했다.)
(강세형 대명사)

Sto parlando di **lui**.
(나는 그에 대해 말하고 있다.)
(강세형 대명사)

Esco con **lei** stasera.
(오늘 저녁 나는 그녀와 외출 할 것이다).
(강세형 대명사)

Do un regalo a **lei**.
(나의 그녀에게 선물을 준다.)
(강세형 대명사)

Le do un regalo.
(나는 그녀에게 선물을 준다.)
(약세형 간접목적격대명사)

A **me** piace il gelato.
(나는 젤라토를 좋아한다.)
(강세형대명사)

Mi piace il gelato.
(나는 젤라토를 좋아한다.)
(약세형 간접목적격대명사)

강세형 대명사 sé는 주어의 행위가 주어 자신에게 영향을 줄 경우에 전치사 뒤에서 쓰일 수 있다;

Luca pensa solo a **sé**.
(Luca는 오직 자기 자신만 생각한다.)

Porta sempre l'ombrello con **sé**.
(그는 항상 우산을 지니고 다닌다.)

강세형 대명사인 esso, essa, essi, esse는 오직 동물이나 사물을 가리킬 때 목적격보어로 쓰일 수 있다;

Ho ascoltato il tuo proposito: **esso** è lodevolissimo.
(나는 너의 의도를 들었다: 그것은 매우 칭찬할 만한 것이다.)

L'aereo è il mezzo più veloce, con **esso** è facile raggiungere paesi lontani.
(비행기는 가장 빠른 교통수단 인데, 그것을 타고 먼 나라에 가는 것은 쉽다.)

2. 약세형 대명사의 용법

2.1 약세형 대명사의 특성

약세형대명사에 속하는 간접목적격대명사, 직접목적격대명사, 재귀대명사는 강세형대명사가 동사 뒤에 목적보어로 오거나 전치사 뒤에 보어로 왔던 것과는 반대로 동사의 앞에 위치하여야 한다;

Ho cercato te tutto il giorno.
(나는 너를 하루 종일 찾았다.)

= Ti ho cercato tutto il giorno.
(나는 너를 하루 종일 찾았다.)

위의 예문은 te라는 강세형 대명사가 cercare 동사 뒤에 목적보어로 위치하는 모습과 약세형대명사인 간접목적격대명사 ti가 동사 앞으로 이동하는 현상을 보여주고 있다.

또한, 약세형대명사와 동사 사이에는 부사나 전치사구 등과 같은 어떠한 문장요소도 개입해서는 안된다;

La pizza piace *molto* a me. (ok)
(나는 피자를 매우 좋아한다.)

La pizza mi *molto* piace. (비문)

2.2 목적격대명사

간접목적격대명사

간접목적격대명사는 전치사 a+강세형 대명사로 대체될 수 있으며, 동사의 앞에 위치하거나 동사원형이 존재하는 문장의 경우 동사원형의 뒤에 결합하여 위치할 수 있다.

Scrivo una lettera a Claudia.
(나는 Claudia에게 편지 하나를 쓴다.)

=Le scrivo una lettera.
(나는 그녀에게 편지 하나를 쓴다.)

Mando un messaggio a voi.
(나는 너희에게 메시지 하나를 보낸다.)

=Vi mando un messaggio.

Devo scrivere una lettera a Claudia.
(나는 Claudia에게 편지 하나를 써야 한다.)

=Le devo scrivere una lettera.
(나는 그녀에게 편지 하나를 써야 한다.)

=Devo scriverle una lettera.

Devo mandare un messaggio a voi.
(나는 너희에게 메시지 하나를 보내야 한다.)

=Vi devo mandare un messaggio.

=Devo mandarvi un messaggio.

동사원형 뒤에 간접목적격대명사가 결합하는 경우 어미의 마지막 모음 –e를 생략하고 간접목적격대명사를 결합시킨다.

3인칭복수형 간접목적격대명사의 경우 loro나 gli 모두 쓸 수 있으며 각각의 형태는 문장 상 위치가 다르게 나타나므로 주의한다:

Telofonerò ai miei amici questo finesettimana.
(나의 친구들에게 이번 주 주말에 전화 할 것이다.)

=Gli telefonerò questo fine settimana.
(그들에게 이번 주에 전화 할 것이다.)

=Telefonerò loro questo fine settimana.

=A loro, telefonerò questo fine settimana.

또한, 약세형 대명사는 2인칭 단수 명령형이나 2인칭 복수의 명령문의 경우 동사 뒤에 결합하여 위치한다는 특징을 갖고 있다.

Mandami un messaggio!
(나에게 메시지를 보내라!)

Mandatemi un messaggio!
(너희들 나에게 메시지를 보내라!)

Dammi la penna!
(나에게 그 펜을 줘라!)

Datemi la penna!
(너희들 나에게 그 펜을 줘라!)

직접목적격대명사

직접목적격대명사는 간접목적격대명사와 마찬가지로 동사의 앞에 위치하거나 동사원형의 뒤에 결합하여 위치할 수 있다. Lo, la, li, le는 사람이나 사물 또는 동물을 지칭할 때 쓰일 수 있는 직접목적격대명사이다.

Chiamo Maria.
(나는 Maria에게 전화한다.)

La chiamo.
(나는 그녀에게 전화한다.)

Vedo spesso Antonio.
(나는 Antonio를 자주 본다.)

Lo vedo spesso.
(나는 그를 자주 본다.)

Compra i libri.
(그는 책을 산다.)

Li compra.
(그는 그것을 산다.)

La devo chiamare.
(나는 그녀에게 전화해야 한다.)
= Devo chiamarla.

Li deve comprare.
(그는 그것들을 사야 한다.)
= Deve comprarli.

또한, 약세형 대명사는 2인칭 단수 명령형이나 2인칭 복수의 명령문의 경우 동사 뒤에 결합하여 위치한다는 특징을 갖고 있다.

Chiamami!
(나한테 전화해라!)

Chiamatemi!
(너희들 나한테 전화해라!)

Aiutami!
(나를 도와줘라!)

Aiutatemi!
(너희들 나를 도와줘!)

3. 복합대명사

간접목적대명사와 직접목적대명사 lo/la/li/le와 부분 수량을 나타내는 접어 ne가 동사 앞에서 함께 쓰이는 경우 간접목적대명사+직접목적대명사의 순서로 이중 목적대명사를 만든다.

	lo	la	li	le	ne
mi	me lo	me la	me li	me le	me ne
ti	te lo	te la	te li	te le	te ne
gli	glielo	gliela	glieli	gliele	gliene
le	glielo	gliela	glieli	gliele	gliene
Le	glielo	gliela	glieli	gliele	gliene
ci	ce lo	ce la	ce li	ce le	te ne
vi	ve lo	ve la	ve li	ve le	ve ne
gli	glielo	gliela	glieli	gliele	gliene

Il marito regala un mazzo di fiori a sua moglie.
(남편이 그의 아내에게 꽃 한 다발을 선물한다.)

Il marito gli regala un mazzo di fiori.

Il marito lo regala a sua moglie.

Il marito glielo regala.

조동사가 나오는 문장의 경우도 약세형대명사의 규칙을 따라서 조동사의 앞에 오거나 본동사인 동사원형 뒤에 마지막 모음 -e를 생략하고 결합 할 수 있다;

Voglio offrire un caffè a Silvia.
(나는 Silvia에게 커피 한 잔 사고 싶다.)

Glielo voglio offrire.

Voglio offrirglielo.

4. piacere 동사류

이탈리아어의 동사 중에는 간접목적격대명사를 의미상의 주어로 갖는 특이한 동사들이 존재한다. 대표적인 동사로는 piacere, servire, interessare 동사들이 있으며, 이들 모두는 문법적으로 '~에게 ~이 ~하다.'로 **간접목적격대명사+ 동사 + 주어**의 어순으로 표현되어 한국어로 의역하면 '~은 ~을 ~하다.'란 의미가 된다. 이때 쓰인 간접목적격대명사는 **전치사 a + 강세형대명사**로 대체 가능하다.

Mi(A me) piace la mela.
(나는 사과를 좋아한다.)

Mi(A me) piacciono le mele.
(나는 사과들을 좋아한다.)

위의 두 문장에서 piacere동사가 각각 3인칭 단수와 3인칭 복수형으로 쓰이게 된 이유는 뒤에 온 명사인 la mela/ le mele가 각각 단수명사/복수명사이고 이 명사들이 문법적인 주어 역할을 하기 때문이다. 의미상의 주어인 간접목적격대명사는 동사의 인칭에 따른 굴절에 전혀 관여할 수 없다.

간접목적어가 의미상 주어가 되는 동사군	
piacere	~에 ~이 좋다.
bastare	~에게 ~이 충분하다.
mancare	~에게 ~이 부족하다.
occorrere	~에게 ~이 필요하다.
restare	~에게 ~이 남다.
servire	~에게 ~이 필요하다.
interessare	~에게 ~이 흥미롭다.
volerci	~이 걸리다./소요되다.

Mi piaci tu! (= Tu mi piaci!)
(나는 너를 좋아해!)

Le piacciono gli spaghetti.
(그녀는 스파게티를 좋아한다.)

Mi basteranno questi soldi.
(나는 이 돈이면 충분 할 것이다.)

Mi manchi molto!
(나는 너가 너무 그립다!)

A Luca manca un' ora per finire il lavoro.
(Luca는 일을 끝내기 위해 한 시간이 부족하다.)

Ci occorre un po' di tempo libero.
(우리들은 약간의 자유 시간이 필요하다.)

Ti serve questo computer?
(너는 이 컴퓨터가 필요하니?)

Non mi interessa niente.
(나는 아무 것도 흥미롭지 않다.)

Ci vuole un'ora.
(한 시간이 걸립니다.)

Ci vogliono quattro ore.
(네 시간이 걸립니다.)

Esercizio

1. 다음의 빈 칸에 알맞은 목적격 대명사를 넣으시오.

① Parlo spesso con Matteo, ma lui non ________ ascolta.

② Tuo figio è come te! ________ assomiglia molto.

③ Chiami Marta? Non ora, ________ chiamo più tardi.

④ Sto andando da Alessio, ________ devo parlare.

⑤ Puoi dare questo libro a Silvia? Sì, ________ vedo questo pomeriggio.

⑥ Vuoi un caffè? Sì, grazie. ________ prendo volentieri.

⑦ Luisa ha cinque nipoti, ma non ________ vede mai.

⑧ Hai telefonato a Alessia e Sandra? No, ________ telefono adesso.

⑨ Prendi l'aereo lunedì? No, ________ prendo giovedì.

⑩ Guardate con me la partita di calico? Sì, ________ guardiamo volentieri.

2. 다음의 빈 칸에 알맞은 목적격 대명사를 넣으시오.

① ________ (io)piaci!

② ________ (noi)mancate!

③ Non ________ (lui) serve il nostro aiuto.

④ ________ (lei) mancano due ore.

⑤ ________ (loro) serve la macchina.

Esercizio

3. 다음의 빈 칸에 알맞은 복합 대명사를 넣으시오.

① Porto al nonno i suoi occhiali.
→ ________ porto.

② Mi scrivi il tuo indirizzo d'email?
→ ________ scrivi?

③ Regaliamo a Sara un biglietto per il concerto.
→ ________ regaliamo.

④ La banca mi presta i soldi per la nuova casa.
→ ________ presta la banca.

⑤ Chiedi tu a Laura se può passare da me questo pomeriggio?
→ ________ chiedi tu?

⑥ Mamma, mi fai il caffè?
→ ________ fai?

⑦ Vi mostro le foto?
→ ________ mostro?

⑧ Quando mi presenti il tuo ragazzo?
→ Quando ________ presenti?

⑨ Ci spieghi la grammatica?
→ ________ spieghi?

⑩ Chi ti dà un buon consiglio?
→ Chi ________ dà?

ANSWER
1. ① lo ② ti ③ la ④ gli ⑤ la ⑥ lo ⑦ li ⑧ gli ⑨ lo ⑩ lo
2. ① mi ② ci ③ gli ④ le ⑤ gli
3. ① glieli ② me lo ③ glielo ④ me li ⑤ glielo ⑥ me lo ⑦ ve le ⑧ me lo ⑨ ce la ⑩ te lo

Promemoria

08

INDICATIVO PASSATO PROSSIMO

직설법 근과거

08 직설법 근과거

Indicativo Passato Prossimo

이탈리아어의 동사는 법과 시제로 나뉜다. 법에는 직설법과 접속법, 조건법, 명령법, 부정법으로 나뉘며 명령법을 제외한 각각의 법은 시제를 갖고 있다. 직설법은 현재와 근과거, 반과거, 원과거, 선립과거, 대과거, 단순미래, 선립미래의 시제를 갖고 있는데, 현재까지 우리는 직설법 현재형만을 학습했다. 이번 과에서는 직설법 과거 시제 중 가장 많이 쓰이는 근과거에 관해 학습해보도록 하겠다.

1. 근과거의 용법

근과거는 완료된 과거의 사건, 행위, 상태 등을 표현할 때 쓰이거나 화자가 주관적으로 현재시점과 가까운 과거이거나 현재까지 영향을 줄 경우 쓰일 수 있는 과거 형태로 이탈리아어의 과거 시제 중 가장 많이 사용되는 형태이다.

Due giorni fa Maurizio ha preso l' influenza.
(이틀 전에 Maurizio는 감기에 걸렸다.)
(그리고 지금도 조금 감기기운이 남아있다.)

Giulia è nata nel 1983.
(Giulia는 1983년도에 태어났다.)
(그리고 아직까지 살아있다.)

위의 예문에서 볼 수 있듯이 현재와 가까운 사건이거나 혹은 그 사건이나 상태, 행위 등이 현재까지 영향을 주는 경우에 쓸 수 있는 시제가 바로 근과거이다.

2. 근과거의 형태

2.1 과거분사형

근과거는 essere/avere 동사를 조동사로 취하고 본동사를 과거분사형으로 변형시켜 조동사와 과거분사형의 결합형으로 나타낼 수 있다. 조동사로 essere동사를 취할 지 avere동사를 취할지는 본동사가 결정하며 보통 본동사가 자동사면 essere동사를 취하고, 타동사면 avere 동사를 취하는 것이 일반적이다. 본동사가 과거분사형으로 변하기 때문에 조동사인 essere/avere동사가 주어의 인칭과 시제에 맞게 변화한다. 조동사와 함께 근과거를 만드는 동사의 과거분사형은 다음과 같다.

동사원형	parl-are	vend-ere	fin-ire
과거분사형	parl-ato	vend-uto	fin-ito

동사의 과거분사형은 규칙형일 경우 동사원형의 어미 3가지 타입 –are/ -ere/ -ire에 따라 각각 –ato/ -uto/ -ito로 변한다.

Ho parlato con Anna stamattina.
(나는 오늘 아침 Anna와 이야기 했다.)

Abbiamo finito i compiti.
(우리는 숙제를 끝마쳤다.)

È partito per Parigi.
(그는 파리를 향해 떠났다.)

Siamo andati in vacanza.
(우리를 휴가를 떠났다.)

반면, 동사에 따라 불규칙하게 과거분사형이 변하는 경우도 있으니 주의해야 한다.

Ho chiesto un favore a Mario.
(나는 Mario에게 부탁 하나를 했다.)

Abbiamo conosciuto Paolo in Inghilterra.
(우리는 Paolo를 영국에서 알게 되었다.)

❗ 주의 : 불규칙 과거분사형

동사원형	과거분사형
accendere	acceso
aprire	aperto
chiedere	chiesto
chiudere	chiuso
conoscere	conosciuto
correre	corso
cuocere	cotto
dare	dato
dire	detto
dovere	dovuto
esistere	esistito
essere	stato
fare	fatto
leggere	letto
mettere	messo
morire	morto
nascere	nato
perdere	perso
piacere	piaciuto
prendere	preso
ridere	riso
rimanere	rimasto
rispondere	risposto
scendere	sceso
scrivere	scritto
spegnere	spento
stare	stato
vedere	visto
venire	venuto
vivere	vissuto

2.2 esser/avere+과거분사

인칭	essere	과거분사	avere	과거분사
io	sono	andato/a	ho	comprato
tu	sei		hai	
lui/lei/Lei	è		ha	
noi	siamo	andati/e	abbiamo	
voi	siete		avete	
loro	sono		hanno	

Antonio è andato a scuola.
(Antonio는 학교에 갔다.)

Gli studenti sono andati a scuola.
(학생들은 학교에 갔습니다.)

La mamma ha comprato il pane.
(엄마는 빵을 샀다.)

I nonni hanno comprato il pane.
(조부모님이 빵을 샀다.)

2.3 조동사 essere/avere 선택 기준

일반적으로 과거표현을 하고자 하는 동사가 자동사인 경우는 essere를 조동사로 취하고 타동사인 경우는 avere를 취한다.

essere + 과거분사(자동사)
avere + 과거분사(타동사)

Emma è arrivata a casa.
(Emma는 집에 도착했습니다.)

Ho studiato la storia.
(나는 역사를 공부했습니다.)

이때 주의할 점은 essere를 조동사로 택하는 근과거형은 주어의 성수에 따라 과거분사형의 어미를 변화시켜준다는 것이다. 주어가 남성일 경우는 수에 따라 단수형어미 -o나 복수형 어미 -i를 취하고, 주어가 여성일 경우 단수면 -a, 복수면 -e로 과거분사형의 어미가 주어와 성수일치를 한다.

Marco è partito per Roma.
(Marco는 로마로 떠났다.)

Maria è partita per Roma.
(Maria는 로마로 떠났다.)

Gli ospiti sono arrivati all'albergo.
(고객들이 호텔에 도착했다.)

Le signore sono tornate dal viaggio.
(부인들이 여행에서 돌아왔다.)

근과거를 만들 때 avere를 조동사로 택하는 본동사들은 타동사이다. Avere를 조동사로 택하는 경우 주어의 성과 수에 따라 과거분사형은 영향을 받지 않고 -ato/-uto/-ito 과거분사원형 그대로 쓰인다. 단, 직접목적격대명사인 lo/la/li/le와 함께 오는 경우 직접목적격대명사 단수형인 lo/la와 avere 동사는 모음 축약현상이 발생하여 l'/l'형으로 avere동사와 결합하게 된다. 또한, lo/la/li/le와 함께 쓰인 근과거형은 과거분사를 직접목적격대명사의 성과 수에 일치시켜야 하는 규칙이 있다.

Ho comprato il latte.

L'ho comprato.

Ho comprato la mela.

L'ho comprata.

Abbiamo letto i giornali.

Li abbiamo letti.

Abbiamo letto le riviste.

Le abbiamo lette.

❗ 주의 : 몇몇 자동사는 불규칙하게 avere동사를 조동사로 취한다.

dormire(잠자다)

viaggiare(여행하다)

ridere(웃다)

sorridere(미소짓다)

bussare(노크하다)

correre(달리다)

passeggiare(산책하다)

camminare(걷다) 등

2.4 재귀동사의 근과거형

재귀대명사와 함께 쓰이는 재귀동사는 근과거형으로 만들 때 essere동사를 조동사로 택하며, 주어의 성과 수에 따라 과거분사의 어미가 변한다.

인칭	essere	alzare 과거분사형
mi	sono	alzato/a
ti	sei	
si	è	
ci	siamo	alzati/e
vi	siete	
si	sono	

Mi sono lavato/a le mani.
(나는 손을 닦았다.)

Anna si è sentita male ieri sera.
(Anna는 어제 저녁에 상태가 좋지 않았다.)

Ci siamo incontrati al bar.
(우리는 바에서 만났다.)

Si sono abbracciati.
(그들은 서로 껴안았다.)

❗ 주의 : 날씨표현은 조동사 essere/avere 둘 다 가능하다.

원칙적으로 자동사나 재귀동사의 경우는 근과거형을 만들 때 essere동사를 조동사로 택하고, 타동사와 몇몇 예외적 경우의 자동사들(dormire, viaggiare, passeggiare 등)은 avere동사를 조동사로 택하는데 경우에 따라서 essere/avere 둘 다 택하는 경우가 있다.

날씨 표현 동사는 essere/avere 둘 다 조동사로 근과거 표현이 가능하며, 3인칭 단수 남성 주어 인칭을 따른다.

piovere(비오다); È/Ha piovuto.

nevicare(눈오다); È/Ha nevicato.

2.5 법조동사와 함께 오는 경우

법조동사인 volere/potere/dovere가 쓰인 문장을 근과거형으로 만들 경우 본동사가 자동사인지 타동사인지에 따라 essere나 avere 조동사를 택한다. 근과거형을 만드는 조동사 뒤에 오는 과거분사는 volere/dovere/potere의 과거분사형인 voluto/dovuto/potuto이며 뒤에는 본동사가 원형으로 온다. 마찬가지로, essere를 조동사로 택한 근과거형은 voluto/dovuto/potuto의 어미를 주어와 성수일치 시킨다.

인칭	essere	과거분사	본동사
io	sono	voluto/a dovuto/a potuto/a	andare
tu	sei		
lui/lei/Lei	è		
noi	siamo	voluti/e dovuti/e potuti/e	
voi	siete		
loro	sono		

인칭	avere	과거분사	본동사
io	ho	voluto dovuto potuto	mangiare
tu	hai		
lui/lei/Lei	ha		
noi	abbiamo		
voi	avete		
loro	hanno		

Maria è dovuta partire presto.
(Maria는 일찍 출발해야만 했습니다.)

Non siamo potute arrivare in tempo.
(우리는 제 시간에 도착하지 못했다.)

Ho dovuto dire la verità.
(나는 진실을 말해야만 했었다.)

Abbiamo voluto rimandare quell'appuntamento.
(우리는 그 약속을 미루고 싶어했다.)

Esercizio

1. 다음의 빈 칸에 알맞은 근과거 형태를 넣으시오.

① Oggi a pranzo io (MANGIARE) ______________ una mozzarella e un'insalata .

② Ieri Marco (COMPRARE) ______________ una maglietta e un paio di jeans.

③ Per il compleanno di Anna, Patrizia (PREPARARE) ______________ una torta buonissima.

④ Tre anni fa Chiara (IMPARARE) ______________ la lingua tedesca.

⑤ Leonardo (ASCOLTARE) ______________ la lezione e (FARE) ______________ gli esercizi.

⑥ Noi (CAMMINARE) ______________ nel parco domenica pomeriggio.

⑦ Lui (CANTARE) ______________ una canzone tipica del suo Paese.

⑧ Ieri sera io (CENARE) ______________ molto tardi.

⑨ I bambini (GIOCARE) ______________ a pallone domenica scorsa.

⑩ Sabato lei (LAVARE) ______________ i piatti.

2. 다음의 빈 칸에 알맞은 근과거 형태를 넣으시오.

① Ieri noi (ANDARE) ______________ al cinema.

② Lei (ARRIVARE) ______________ in ufficio alle 9:00.

③ Valeria (USCIRE) ______________ con suo marito ieri sera.

④ A Natale Federica e Luigi (PARTIRE) ______________ a Parigi per una vacanza.

⑤ Franco (RITORNARE) ______________ in Sicilia lo scorso fine settimana.

⑥ Dove (ANDARE) ______________ tu sabato scorso?

⑦ Dario (ENTRARE) ______________ in ufficio in ritardo.

⑧ Non (ESSERE) ______________ io a dire questa cosa!

⑨ Antonio (USCIRE) ______________ di casa la settimana scorsa.

⑩ A che ora (TORNARE – tu) ______________ ieri dal lavoro?

Esercizio

3. 다음의 빈 칸에 알맞은 재귀동사의 근과거 형태를 넣으시오.

① Leonardo (SVEGLIARSI) ______________ molto tardi stamattina.

② Io (LAVARSI) ______________ i denti prima di fare colazione.

③ Lucio (FARSI) ______________ la barba dal parrucchiere la settimana scorsa.

④ Lorenzo (FARSI) ______________ la doccia e poi (ASCIUGARSI) ______________.

⑤ Patrizia (VESTIRSI) ______________ molto elegante per la festa.

ANSWER

1. ① ho mangiato ② ha comprato ③ ha preparato ④ ha imparato ⑤ ha ascoltato ⑥ abbiamo camminato ⑦ ha cantato⑧ ho cenato ⑨ hanno giocato ⑩ ha lavato
2. ① siamo andati/e ② è arrivata ③ è uscita ④ sono partiti ⑤ è tornado ⑥ sei andato/a ⑦ è entrato ⑧ sono stato/a ⑨ è uscito ⑩ sei tornado/a
3. ① si è svegliato ② mi sono lavato ③ si è fatto ④ si è fatto ⑤ si è vestita

09

INDICATIVO IMPERFETTO

직설법 반과거

09 직설법 반과거

Indicativo Imperfetto

직설법 근과거가 현재에 영향을 주는 과거의 완료된 행위나 사건을 나타낸 것이라면, 과거 사건이나 행위의 지속성을 강조해주고자 할 때 쓰이는 시제가 반과거이다. 또한 반과거는 과거의 습관으로 "~하곤 했었다."의 의미로 쓰이거나 과거의 모습, 상태, 상황을 묘사할 경우에도 쓰인다.

1. 반과거의 형태

규칙형

동사 –are/-ere/-ire에 따라 반과거형이 존재한다. 규칙변화형일 경우 반과거는 다음과 같은 형태로 어미 변화한다.

인칭	cant-are	tem-ere	dorm-ire	cap-ire
io	cant-avo	tem-evo	dorm-ivo	cap-ivo
tu	cant-avi	tem-evi	dorm-ivi	cap-ivi
lui/ lei/ Lei	cant-ava	tem-eva	dorm-iva	cap-iva
noi	cant-avamo	tem-evamo	dorm-ivamo	cap-ivamo
voi	cant-avate	tem-evate	dorm-ivate	cap-ivate
loro	cant-avano	tem-evano	dorm-ivano	cap-ivano

Da piccolo leggevo i giornali.
(어렸을 때부터 나는 신문을 읽곤 했다.)

Carla indossava il giubbotto nero.
(Carla는 검은 외투를 입고 있었다.)

불규칙형

인칭	essere	avere	dire	fare	bere
io	ero	avevo	dicevo	facevo	bevevo
tu	eri	avevi	dicevi	facevi	bevevi
lui/ lei/ Lei	era	aveva	diceva	faceva	beveva
noi	eravamo	avevamo	dicevamo	facevamo	bevevamo
voi	eravate	avevate	dicevate	facevate	bevevate
loro	erano	avevano	dicevano	facevano	bevevano

Quando ero bambino, leggevo sempre i gionali.
(내가 어렸을 때, 나는 항상 책을 읽곤 했다.)

Avevo tanto da fare.
(나는 할 것이 많았다.)

Non mi dicevano le bugie.
(그들은 나에게 거짓말을 하지 않았다.)

Faceva caldo ieri sera.
(어제 저녁에는 더웠다.)

Quando Francesco era giovane, beveva tanto.
(Francesco가 젊었을 때, 그는 술을 많이 마셨었다.)

2. 반과거의 용법

① 지속성

Da bambino giocavo a calcio.
(어렸을적에 나는 축구를 했었다.)
(화자의 주관에 따른 지속성 강조)

Ieri ho giocato a calcio.
(어제 나는 축구를 했다.)
(과거 완료된 행위)

② 습관

Venivano a trovarmi quasi tutte le settimane.
(그들은 거의 매주 나를 보러 왔다.)
(과거 습관)

Sono venuti a trovarmi la settimana scorsa.
(그들은 저 번 주에 나를 보러 왔다.)
(과거 완료된 행위)

③ 과거 상황 묘사

La stazione era deserta. Carlo indossava una giacca nera e aveva i capelli bagnati...
(역은 적막했다. Carlo는 검은 자켓을 입고 있었고 그의 머리카락은 젖어 있었다.)

C'era una volta... (옛날 옛적에...)

④ 완료되지 못한 과거의 행위나 사건

반과거는 과거 사건의 지속성을 나타내기에 완료된 행위가 아니다. 따라서 상황에 따라 다른 사건의 개입이 가능한데, 주로 접속사 mentre(~동안), nel momento in cui(그 당시에)등이나 시간을 나타내는 a quest'ora(이 시간대에), a quell'ora(그 시간대에), da sei mesi(6개월 전부터)등과 표현과 함께 쓰인다.

Mentre andavo in ufficio, ho incontrato il mio capo.
(내가 사무실에 가는 길에, 나의 상사를 만났다.)

Mentre guardava la TV, faceva la valigia.
(그는 TV를 보는 동안 여행가방을 쌌다.)

Ieri a quest'ora dormivamo ancora.
(어제 이 시각에 우리는 아직 잠을 자고 있었다.)

⑤ voler, potere, dovere의 반과거형

인칭	volere	potere	dovere
io	volevo	potevo	dovevo
tu	volevi	potevi	dovevi
lui/lei/ Lei	voleva	poteva	doveva
noi	volevamo	potevamo	dovevamo
voi	volevate	potevate	dovevate
loro	volevano	potevano	dovevano

법조동사를 반과거형으로 쓰게 되면, 불확실성이나 비현실성을 내포하게 된다.

Ho voluto incontrare Paola.
(=e l'ho incontrata.)
나는 Paola를 만나고 싶었다.
(=그래서 나는 그녀를 만났다.)

Ho dovuto incontrare Paola.
(=e l'ho incontrata.)
나는 Paola를 만나야만 했었다.
(=그래서 나는 그녀를 만났다.)

Ho potuto incontrare Paola.
(=e l'ho incontrata.)
나는 Paola를 만날 수 있었다.
(=그래서 나는 그녀를 만났다.)

Volevo incontrare Paola.
(= e l'ho incontrata/ ma non l'ho incontrata)
나는 Paola를 만나고 싶었다.
(=그래서 나는 그녀를 만났다./ 하지만 나는 그녀를 못 만났다.)

Dovevo incontrare Paola.
(= e l'ho incontrata/ ma non l'ho incontrata)
나는 Paola를 만나야만 했었다.
(=그래서 나는 그녀를 만났다./ 하지만 나는 그녀를 못 만났다.)

Potevo incontrare Paola.
(= e l'ho incontrata/ ma non l'ho incontrata)
나는 Paola를 만날 수 있었다.
(=그래서 나는 그녀를 만났다./ 하지만 나는 그녀를 못 만났다.)

만약 법조동사를 근과거형을 썼을 경우 '그래서 그녀를 만났다.'라는 완료된 사건의 의미를 내포하지만, 만약 반과거형으로 썼을 경우에는 '그래서 그녀를 만났다.'와 '하지만 그녀를 만나지 못했다.'라는 이중적인 의미로 해석될 수 있으므로 주의해야 한다.

Esercizio

1. 다음의 빈 칸에 알맞은 반과거 형태를 넣으시오.

① Da bambina Laura ______________ (frequentare) una scuola privata.

② Da piccolo io ______________ (nuotare) al mare.

③ Da giovane mio cugino ______________ (fare) lunghe passeggiate lungo il fiume.

④ I cani ______________ (dormire) tranquillamente in giardino.

⑤ Di solito, al mare, noi ______________ (alzarsi) presto tutte le mattine.

⑥ Tutte le mattine, mio nonno ______________ (uscire) di casa per comprare il giornale.

⑦ Da bambina, io ______________ (giocare) sempre a tennis.

⑧ Ogni fine settimana noi ______________ (andare) al cinema da soli.

⑨ Da piccola, tu mi ______________ (rispondere) sempre male.

⑩ La ragazza ______________ (vestirsi) sempre elegantemente per la festa del paese

2. 다음의 빈 칸에 알맞은 반과거 형태를 넣으시오.

L'INFANZIA DI CARLO

Da bambino Carlo ______________ (essere) carino e allegro. Lui ______________ (andare) a scuola volentieri e ______________ (fare) sempre i compiti. Carlo ______________ (avere) molti giocatoli con cui ______________ (giocare) per tante ore.

3. 다음의 빈 칸에 알맞은 반과거 형태를 넣으시오.

LE VACANZE DI LUCA E Federico

Luca e Federico ______________ (andare) sempre in vacanza dai nonni in Sardegna. ______________ (divertirsi) molto insieme. Di solito ______________ (passare) tutta la giornata in spiaggia, dove ______________ (costruire) castelli di sabbia. Poi ______________ (tuffarsi) nell'acqua e ______________ (nuotare) a lungo. La sera ______________ (addormentarsi) stanchi ma felici.

ANSWER

1. ① frequentava ② nuotavo ③ faceva ④ dormivano ⑤ ci alzavamo ⑥ usciva ⑦ giocavo ⑧ andavamo ⑨ rispondevi ⑩ si vestiva
2. era/ andava/ faceva/ aveva/ giocava
3. andavano/ si divertivano/ passavano/ costruivano/ si tuffavano/ nuotavano/ si addormentavan

10

PASSATO REMOTO

원과거

10 원과거

Passato Remoto

이탈리아어에는 직설법에만 5가지의 과거시제(근과거, 반과거, 원과거, 선립과거, 대과거)가 존재하는데, 원과거는 8과에서 다루어진 근과거와 마찬가지로 과거의 완료된 행위를 표현하는데 쓰이는 과거형이다. 단, 화자의 주관에 따라 현재와 먼 과거의 종결된 사건을 표현할 때 쓰인다는 차이점이 있다.

1. 원과거의 형태

❯ 규칙형

원과거도 주어의 인칭에 따라 6가지로 어미가 규칙적으로 변한다. 동사 –are/-ere/-ire에 따라 다음과 같은 규칙으로 어미가 변화한다.

인칭	cant-are	cred-ere	dorm-ire	cap-ire
io	cant-ai	cred-ei (-etti)	dorm-ii	cap-ii
tu	cant-asti	cred-esti	dorm-isti	cap-isti
lui/lei/Lei	cant-ò	cred-é (-ette)	dorm-ì	cap-ì
noi	cant-ammo	cred-emmo	dorm-immo	cap-immo
voi	cant-aste	cred-este	dorm-iste	cap-iste
loro	cant-arono	cred-erono (-ettero)	dorm-irono	cap-irono

Colombo scoprì l'America nel 1492.
(콜롬부스가 1492년 아메리카대륙을 발견하였다.)

Il bambino cominciò a piangere.
(어린 남자아이는 울기 시작했다.)

❯ 주요 동사의 원과거형

essere	avere	chiedere	mettere	giungere	sapere
fui	ebbi	chiesi	misi	giunsi	seppi
fosti	avesti	chiedesti	mettesti	giungesti	sapesti
fu	ebbe	chiese	mise	giunse	seppe
fummo	avemmo	chiedemmo	mettemmo	giungemmo	sapemmo
foste	aveste	chiedeste	metteste	giungeste	sapeste
furono	ebbero	chiesero	misero	giunsero	seppero

bere	fare	dare	stare	vedere	dire
bevvi	feci	diedi (detti)	stetti	vidi	dissi
bevesti	facesti	desti	stesti	vedesti	dicesti
bevve	fece	diede (dette)	stette	vide	disse
bevem-mo	facem-mo	demmo	stemmo	vedem-mo	dicem-mo
beveste	faceste	deste	steste	vedeste	diceste
bevvero	fecero	diedero (dettero)	stettero	videro	dissero

venire	prendere	nascere	volere	dovere	potere
venni	presi	nacqui	volli	dovetti (dovei)	potei (potetti)
venisti	prendesti	nascesti	volesti	dovesti	potesti
venne	prese	nacque	volle	dovette (dové)	poté (potette)
venim-mo	pren-demmo	nascem-mo	volem-mo	dovem-mo	potem-mo
veniste	prende-ste	nasceste	voleste	doveste	poteste
vennero	presero	nacquero	volero	dovettero (doverono)	poterono (potettero)

Gli Etruschi vennero dal Nord attraverso le Alpi.
(에트루리아인들은 북쪽에서 알프스산맥을 넘어 왔다.)

L'Impero Romano fece molte guerre.
(로마제국은 많은 전쟁을 벌였다.

Luisa non fu felice. (Luisa는 행복하지 않았다.)

Non disse mai la verità.
(그는 결코 진실을 말하지 않았다.)

Ugo nacque nel 1942. (Ugo는 1942년에 태어났다.)

Maurizio volle partire per l'Italia.
(Maurizio는 이탈리아로 떠나고 싶어했었다.)

Potemmo finire il lavoro.
(우리는 일을 마칠 수 있었다.)

2. 근과거와 원과거의 차이점

근과거형이 과거에 일어난 사건이나 행위이지만 현재까지 영향을 주거나 현재와 비교적 가까운 과거의 완료된 사건일 경우 쓰인다면, 원과거는 현재와 연관성이 전혀 없는 과거의 완료된 사건이나 현재 시점과 먼 과거의 사건일 경우에 쓰인다. 과거의 완료된 사건을 근과거로 쓸지 원과거로 쓸지는 전적으로 화자의 주관에 따라 결정되나 보통은 역사적 사건, 현재와 관련 없는 일, 소설에서 과거 시점 이야기를 할 경우에 쓰이곤 한다. 구어체에서는 중·남부 지역의 몇몇 방언을 제외하고는 원과거를 근과거로 대체하여 많이 쓰이며, 문어체에서는 근과거와 원과거 둘 다 용법에 맞게 자주 쓰이고 있다.

Leonardo Da Vinci ha dipinto numerose opere.
(레오나르도 다빈치는 수많은 작품을 그렸다.)

Leonardo Da Vinci dipinse numerose opere.
(레오나르도 다빈치는 수많은 작품을 그렸다.)

Anni fa Luca mi disse che il suo matrimonio era in crisi.
(수 년 전에 Luca가 그의 결혼 생활이 위기에 처해 있다고 나에게 말했다.)

Giorni fa Luca mi ha detto che il suo matrimonio è finito.
(며칠 전에 Luca가 나에게 그의 결혼이 끝났다고 말했다.)

Esercizio

1. 주어진 단어들 중에서 빈칸에 적당한 단어를 골라 적어 문장을 완성하시오.

보기 vinse, fondò, dipinse, fu,scrisse

① Italo Calvino ______________ il romanzo Il sentiero dei nidi di ragno nel 1947.

② Secondo la leggenda Romolo ______________ Roma il 21 aprile 753 a. C.

③ Il pittore Leonardo da Vinci ______________ il quadro "l' Ultima cena" tra il 1495 e il 1498.

④ Dante ______________ un poeta medievale.

⑤ Luigi Pirandello ______________ il premio Nobel per la letteratura nel 1934.

2. 다음의 빈 칸에 알맞은 원과거 형태를 넣으시오.

① Il 31 ottobre 1517 Martin Lutero ______________ (dare) il via alla Riforma protestante.

② Johann Gutenberg ______________ (inventare) la stampa intorno al 1440.

③ Lo scrittore Ernest Hemingway ______________ (morire) nel 1961 a 61 anni.

④ L' impero Romano d' Occidente ______________ (cadere) nel 476 d.C.

⑤ Napoleone ______________ (perdere) la battaglia di Waterloo nel 1815.

⑥ Il 12 ottobre 1492 Cristoforo Colombo ______________ (scoprire) l' America.

⑦ George Washington e Abraham Lincoln ______________ (essere) presidenti degli Stati Uniti.

⑧ Il 21 luglio 1969 Neil Armstrong ______________ (andare) sulla Luna.

⑨ La Rivoluzione francese ______________ (durare) dal 1789 al 1799

⑩ Nel 1543 Copernico ______________ (dimostrare) la teoria eliocentrica.

ANSWER 1. ① scrisse ② fondò ③ dipinse ④ fu ⑤ vinse
2. ① diede ② inventò ③ morì ④ cadde ⑤ perse ⑥ scoprì ⑦ furono ⑧ andò ⑨ durò ⑩ dimostrò

Promemoria

11

TRAPASSATO REMOTO E PROSSIMO

선립과거와 대과거

11 선립과거와 대과거

Trapassato remoto e prossimo

이탈리아어의 직설법 과거시제는 반과거와 원과거가 속하는 단순시제와 근과거, 선립과거, 대과거가 속하는 복합시제가 있다. 단순시제와 복합시제의 차이는 시제표현을 할 때 조동사 essere/avere 동사를 취하는지의 여부에 따라 달라진다. 단순시제의 경우 반과거나 원과거 처럼 동사의 어미가 굴절하여 인칭과 시제의 정보를 표시하지만, 복합시제의 경우 조동사 essere/avere와 과거분사의 결합으로 조동사에 인칭과 시제의 정보가 표현된다는 특징이 있다. 복합시제에 속하는 근과거는 essere/avere동사의 직설법현재형을 취해서 완료된 과거 행위를 표현하고, 선립과거는 essere/avere동사의 원과거형으로, 대과거는 essere/avere동사의 반과거형으로 시제표현을 한다. 주로 선립과거와 대과거는 복문에서 주로 주절보다 앞서 일어난 과거 사건이나 행위를 표현할 때 종속절에서 쓰이며, 현대 이탈리아어에서 선립과거는 거의 쓰이지 않고 이를 대과거가 대체하고 있다.

1. 선립과거(Trapassato remoto)

선립과거의 형태

인칭	essere	과거분사	avere	과거분사
io	fui		ebbi	
tu	fosti	andato/a	avesti	
lui/ lei/ Lei	fu		ebbe	comprato
noi	fummo		avemmo	
voi	foste	andati/e	aveste	
loro	furono		ebbero	

선립과거는 조동사 essere/avere 의 원과거형에 과거분사가 결합하여 표현된다. 선립과거의 시제와 주어 인칭 정보는 조동사 essere/avere동사에서 표현된다.

Non appena Giorgio ebbe sentito la notizia, corse a raccontarla ai suoi amici.
(Giorgio는 그 소식을 듣자마자, 자신의 친구들에게 이야기 해주기 위해 뛰어갔다.)

Io non dissi nulla finché quell' uomo non ebbe finito di parlare.
(나는 그 남자가 말하기를 끝마칠 때 까지 어떠한 말도 하지 않았다.)

Dopo che fu arrivata, entrò.
(그녀는 도착한 뒤에 들어 왔다.)

Continuammo a camminare finché ebbe smesso di piovere.
(비가 그칠 때 까지 우리는 계속해서 걸었다.)

선립과거의 용법

주로 주절의 원과거 시제보다 앞선 과거시점의 사건을 표현할 때 쓰이는데, 현대 이탈리아어에서는 원과거와 마찬가지로 자주 쓰이지 않으며, 다음과 같이 매우 제한된 경우에만 쓰인다.

주절 (원과거) + 시간부사/접속사+ 종속절 (선립과거)

Non appena *se ne fu andato*, *vennero* a cercarlo.
(그가 떠나자마자 그들은 그를 찾으러 왔다.)

Dopo che *ebbe cucinato*, *mangiò* tutto.
(그는 요리를 한 뒤에 모든 것을 먹었다.)

위의 두 예문에서 볼 수 있듯이 다음과 같은 세가지 규칙에 동시에 해당 될 때 선립과거를 쓸 수 있다;

① 주절에 원과거(vennero, mangiò)가 올 경우
② 종속절의 사건이 주절 보다 앞 선 사건일 경우
③ dopo che(~한 뒤에), quando(~할 때), finché(~할 때까지), non appena(~하자마자), appena (che)(~하자마자)와 같은 시간부사나 접속사와 함께 올 경우

선립과거는 현대이탈리아어에서는 많이 쓰이지 않으며, 대과거로 대체되어 쓰이고 있다;

Giovanni andò a raccontare la notizia non appena l'*ebbe sentita*.

→ Giovanni andò a raccontare la notizia non appena l'*aveva sentita*.
(Giovanni는 그 소식을 듣자마자 그것을 이야기 하러 갔다.)

2. 대과거

대과거의 형태

인칭	essere	과거분사	avere	과거분사
io	ero	andato/a	avevo	comprato
tu	eri		avevi	
lui/ lei/ Lei	era		aveva	
noi	eravamo	andati/e	avevamo	
voi	eravate		avevate	
loro	erano		avevano	

대과거는 조동사 essere/avere 의 직설법 반과거형에 과거분사가 결합하여 표현된다. 대과거의 시제와 주어 인칭 정보는 조동사 essere/avere동사에서 표현된다.

Ieri pomeriggio ero venuto per chiederLe una cortesia.
(나는 어제 오후에 당신께 부탁 하나를 하러 왔었습니다.)

Non ho voluto leggere il giornale che mi aveva comprato.
(나에게 사다 준 신문을 읽기 싫었다.)

Non volli leggere il giornale che mi aveva comprato.

Non volevo leggere il giornale che mi aveva comprato.

대과거의 용법

등위접속사로 이루어진 문장이나 주절과 종속절로 이루어진 복문에서 주로 쓰이며, 주절에 근과거, 반과거, 원과거가 올 경우 주절보다 먼저 일어난 사건을 표현하고자 할 때 쓰이는 과거형이다.

근과거
반과거 + che, se, perché ecc.+ 대과거
원과거

① 주절에 근과거가 올 경우

Ho saputo che Anna era già partita per l'Inghilterra.
(나는 Anna가 영국으로 이미 떠났었다는 것을 알았다.)

Ha mangiato un panino che gli aveva preparato la mamma.
(엄마가 만든 샌드위치를 그가 먹었다.)

② 주절에 반과거가 올 경우

Volevo sapere se Luigi era già tornato a casa.
(나는 Luigi가 이미 집으로 돌아갔는지 알고 싶었다.)

Il professore sapeva che i suoi allievi non avevano studiato niente.
(교수님은 자신의 제자들이 공부를 전혀 하지 않았다는 것을 알고 있었다.)

③ 주절에 원과거가 올 경우

Non appena se ne fu andato, vennero a cercarlo.
(그가 떠나자마자 그들은 그를 찾으러 왔다.)

Dopo che ebbe cucinato, mangiò tutto.
(그는 요리를 한 뒤에 모든 것을 먹었다.)

④ 단문에서 쓰인 경우

단문에서 대과거가 쓰인 경우는 과거에 이미 일어난 사건이나 행위를 가리킬 때 쓰거나, 과거 시점에서 바라보았을 때 어떤 특정 시간대에 '이미'일어난 사건이나 행위를 가리킬 때 쓰인다. 특정시간 대는 문장 장에서 표현될 수 있고 내재도 가능하므로 문맥에 맞게 사용해야 한다.

Prima di venire in Italia avevi già studiato l'italiano?
(이탈리아에 오기 전에 너는 이미 이탈리아어를 공부 했었니?)

Ieri all'una, avevo già pranzato.
(어제 한시에 나는 이미 점심을 먹었었다.)

Eravate già stati in Sicilia *prima dell'estate scorsa*?
(지난 여름 전에 너희는 이미 시칠리아에 간 적이 있었니?)

단문에서 대과거가 쓰였을 경우에는 위의 세 문장처럼 과거의 특정 시간대가 표현될 수도 있지만, 아래의 예문처럼 표현되지 않을 수 도 있다. 아래의 문장은 대과거로 쓰인 문장 뒤에 Ti avevo detto di fare attenzione(, ma hai sporcato la tua maglietta) 너에게 내가 조심하라고 말했지만 (너는 너의 티셔츠를 더럽혔다.)라는 문장이 생략되었다고 볼 수 있다.

Guarda com'è sporca la tua maglietta, eppure ti avevo detto di fare attenzione.
(내가 너에게 조심하라고 말했었음에도 불구하고 너의 티셔츠가 얼마나 더러운지 좀 봐라.)

venire 동사의 경우에는 근과거를 대과거로 대체하여 부드럽고 겸손한 어조의 문장을 만들 수 있다.

Ciao, come stai?
(안녕, 좀 어때?)

Ero venuto a vedere se stai bene.
(너가 괜찮은지 보러왔어.)
= Sono venuto a vedere se stai bene.

Esercizio

1. 다음의 빈 칸에 알맞은 동사의 형태를 고르시오.

① (Aveva finito / Finì) i compiti perciò poté uscire.

② Mi sentivo stanco perché (avevo viaggiato / viaggiai) tutta la settimana.

③ Quando gliene parlò, (prenderà / aveva preso) già la decisione.

④ Poiché (hanno litigato / avevano litigato), Giovanna e Lucia non si sono parlate per un giorno intero.

⑤ Ti ringrazio di esserti ricordato di fare quello che ti (chiederò / avevo chiesto).

2. 다음의 빈 칸에 알맞은 과거형을 적으시오.

① ______________ (dimenticare) l'appuntamento, per questo venne rimproverato.

② Quella notte non ______________ (dormire), poiché aveva visto un film pauroso.

③ Non ______________ (volere) parlare con l'amico con cui aveva litigato.

④ ______________ (bere) troppo quella sera perciò fecero molta confusione.

⑤ Non ______________ (partire) anche se eravamo riusciti a liberarci dagli impegni familiari.

⑥ Le strade erano allagate perché ______________ (piovere) tanto.

⑦ Ieri sono venuto a trovarti ma tu ______________ (partire)

⑧ Anche se Maria ______________ (arrivare) all'improvviso fu accolta da tutti con entusiasmo

⑨ Luigi non aveva fame perché ______________ (bere) troppo.

⑩ Non ______________ (volere) parlare con l'amico con cui aveva litigato.

ANSWER 1. ① aveva finito ② avevo viaggiato ③ aveva già preso ④ avevano litigato ⑤ avevo chiesto
2. ① aveva dimenticato ② dormì ③ ha voluto ④ avevano bevuto ⑤ siamo partiti
⑥ aveva piovuto ⑦ eri partito ⑧ era arrivata ⑨ aveva bevuto ⑩ ha voluto

12

FUTURO SEMPLICE E ANTERIORE

단순미래와 선립미래

12 단순미래와 선립미래

Futuro Semplice e Anteriore

이탈리아어의 미래시제는 단순미래와 선립미래 두 가지만이 존재한다. 아직 일어나지 않은 미래의 사건을 나타낼 때 쓰이지만, 간혹 단순미래는 현재의 추측이나 의심, 선립미래는 과거의 추측이나 의심을 나타낼 때 쓰이기도 한다.

1. 단순미래

규칙형

이탈리아어의 단순미래는 규칙형일 경우 어미 –are/-ere/-ire를 미래형 어미로 인칭에 맞게 변화시킨다.

인칭	cant-are	prend-ere	dorm-ire	cap-ire
io	cant-erò	prend-erò	dorm-irò	cap-irò
tu	cant-erai	prend-erai	dorm-irai	cap-irai
lui/lei/Lei	cant-erà	prend- erà	dorm-irà	cap-irà
noi	cant-eremo	prend-eremo	dorm-iremo	cap-iremo
voi	cant-erete	prend-erete	dorm-irete	cap-irete
loro	cant-eranno	prend-eranno	dorm-iranno	cap-iranno

Prenderemo un caffè al bar.
(우리는 바에서 커피를 마실 것이다.)

Arriverò verso le nove di mattina.
(아침 9시경에 도착 할 것이다.)

Domani dormirò fino a tardi.
(나는 내일 늦게까지 잠 잘 것이다.)

Prenderà una settimana di ferie appena possibile.
(그는 가능하게 되자 마자 한 주간의 휴가를 가질 것이다.)

-care/-gare로 끝나는 동사들은 발음규칙을 유지해주기 위해 –ch-/-gh- 처럼 묵음인 h를 c/g와 결합시킨다.

인칭	cerc-are	pag-are
io	cerch-erò	pagh-erò
tu	cerch-erai	pagh-erai
lui/lei/Lei	cerch-erà	pagh-erà
noi	cerch-eremo	pagh-eremo
voi	cerch-erete	pagh-erete
loro	cerch-eranno	pagh-eranno

Pagherò in contanti.
(나는 현금으로 지불 할 것이다.)

Pagherà con la carta di credito.
(그는 카드로 지불 할 것이다.)

Cercherò di essere più attento.
(나는 좀 더 조심하려고 노력할 것이다.)

Cercherete un altro lavoro?
(너희들은 다른 일을 찾을 거니?)

불규칙형

essere	avere	stare	fare	dare	vedere	potere
sarò	avrò	starò	farò	darò	vedrò	potrò
sarai	avrai	starai	farai	darai	vedrai	potrai
sarà	avrà	starà	farà	darà	vedrà	potrà
saremo	avremo	staremo	faremo	daremo	vedremo	potremo
sarete	avrete	starete	farete	darete	vedrete	potrete
saranno	avranno	staranno	faranno	daranno	vedranno	potranno

dovere	volere	andare	venire	rimanere	bere	sapere
dovrò	vorrò	andrò	verrò	rimarrò	berrò	saprò
dovrai	vorrai	andrai	verrai	rimarrai	berrai	saprai
dovrà	vorrà	andrà	verrà	rimarrà	berrà	saprà
dovremo	vorremo	andremo	verremo	rimarremo	berremo	sapremo
dovrete	vorrete	andrete	verrete	rimarrete	berrete	saprete
dovranno	vorranno	andranno	verranno	rimarranno	berranno	sapranno

Lisa darà gli esami la prossima settimana.
(Lisa는 다음주에 시험을 볼 것이다.)

Andrò a lavorare.
(나는 일하러 갈 것이다.)

Staremo con i nostri bambini questo fine settimana.
(이번 주말에는 우리 아이들과 함께 있을 것이다.)

Dovrà finire il lavoro fino a stasera.
(오늘 저녁까지 그는 일을 끝마쳐야 할 것이다.)

Berrò volentieri il vino.
(나는 기꺼이 와인을 마실 것이다.)

Giorgio e Nicola vorranno andare al mare.
(Giorgio와 Nicola는 바다에 가고 싶어 할 거다.)

Prima di partire, verrò a trovarti.
(나는 떠나기 전에 너를 보러 갈 것이다.)

A quest'ora lei farà il bagno.
(지금 이 시간에 그녀는 목욕을 하고 있을 것이다.)

2. 단순미래 용법

단순미래는 보통은 현재 시점에서 바라본 미래에 일어날 일을 표현하는데 쓰이거나, 현재 시점의 불확실성이나 추측을 나타낼, 혹은 명령의 의미로 쓰일 수 있다.

① 미래의 사건

Dovrò studiare molto dopo cena.
(저녁 식사 후에 나는 많이 공부해야만 할 것이다.)

Torneremo tardi.
(우리는 늦게 돌아갈 것이다.)

Verranno a trovarci.
(그들은 우리를 보러 올 것이다.)

Fra due anni mi laureerò.
(나는 2년 뒤에 졸업할 것이다.)

② 현재의 불확실성이나 추측

Che ore sono? Saranno le sette.
(지금 몇시야? 아마 일곱시일거야.)

Marco sarà ancora a Bologna.
(Marco는 아마 아직 볼로냐에 있을 것이다.)

I ragazzi avranno qualche problema.
(아이들이 아마 몇 가지 문제들을 갖고 있을 것이다.)

Avranno bisogno d'aiuto.
(그들은 아마 도움이 필요 할 거야.)

③명령어조

Tu farai esattamente come ti ho detto.
(내가 너에게 말한 대로 해야 된다.)

Mi racconterai tutto.
(너는 나에게 모든 것을 이야기 해줘라.)

3. 선립미래

선립미래의 형태

인칭	essere	과거분사	avere	과거분사
io	sarò	andato/a	avrò	comprato
tu	sarai		avrai	
lui/ lei/ Lei	sarà		avrà	
noi	saremo	andati/e	avremo	
voi	sarete		avrete	
loro	saranno		avranno	

선립미래는 조동사 essere/avere 의 단순미래형에 과거분사가 결합하여 표현된다. 선립미래의 시제와 주어 인칭 정보는 조동사 essere/avere동사에서 표현된다.

Quando lo avrai visto, mi capirai meglio.
(너는 그것을 보게 되면 나를 더 잘 이해할 것이다.)

Dopo che avrò finito i compiti, uscirò con Andrea.
(나는 숙제를 끝마친 뒤에 Andrea와 외출 할 것이다.)

A quest'ora Luigi sarà arrivato a casa.
(이 시간이면 Luigi는 집에 도착했을 것이다.)

Marta avrà avuto altre cose da fare.
(Marta는 아마 다른 해야 할 일들이 있었을 것이다.)

선립미래의 용법

선립미래는 주로 미래에 일어날 두 가지 사건을 말할 때, 먼저 일어날 행위를 표현할 때 쓰인다. 또한, 과거시점의 불확실성이나 추측을 나타낼 때도 쓰일 수 있다.

① (두 가지의 미래 사건 중) 선행한 미래 사건

주로 접속사 dopo che, quando, appena, se 등과 함께 종속절에 쓰인다.

Dopo che avrò finito di lavorare, pulirò la casa.
(일을 끝낸 뒤에 청소를 할 것이다.)

Quando avrò mangiato, farò due passi.
(식사를 마친 뒤에, 산책을 할 것이다.)

Se gli sarà passata la febbre, comincerà a lavorare.
(그가 열이 내리면, 일을 시작할 것이다.)

Appena sarò tornata a casa, mi riposerò.
(나는 집에 도착하자마자, 휴식을 취할 것이다.)

② 과거시점의 불확실성이나 추측

Ho dato il regalo a Fabio. Che dici? Gli sarà piaciuto?
(나는 Fabio에게 선물을 줬어. 어떻게 생각해? 그가 좋아했을까?)

Che ora era quando sei arrivato a casa?
(너가 집에 도착했을 때가 몇시였니?)

Beh, saranno state le dieci.
(아마 열시였을거야.)

Esercizio

1. 다음의 동사 중 직설법 미래형 동사가 아닌 것을 고르시오.

① parlerò – parlerei – parleremo

② scriverai – scriveranno – scriverei

③ finiremo – finirai – finirei

④ mangiò – mangeremo – mangerete

⑤ sentiremo – sentono – sentirai

⑥ cercherai – cercheranno – cercano

⑦ giocherei – giocherò – giocherà

⑧ andrebbero – andrà – andremo

⑨ verrò – verremo – veniranno

⑩ daremmo – daremo – darai

⑪ faranno – farai – faremmo

⑫ berresti – berrai – berranno

⑬ diranno – direbbe - direte

⑭ saremo – sarai – sarei

⑮ avessi – avrete – avrà

2. 다음의 동사 중 알맞은 직설법 미래시제 동사를 넣으시오.

① La prossima settimana Francesca ______________ (dare) un esame molto importante.

② Domani sera i ragazzi ______________ (incontrarsi) per discutere il progetto finale.

③ La prossima settimana io e Alessandra ______________ (bere) un caffè insieme.

④ Ragazzi, dove ______________ (andare) in vacanza?

⑤ Il nuovo film ______________ (uscire) a maggio.

⑥ Questa sera (io) ______________ (cucinare) una cenetta squisita per il mio ragazzo.

⑦ Luca, Gianni, cosa ______________ (fare) dopo l'università?

⑧ Il mese prossimo io e Anna ______________ (iniziare) un corso di computer.

⑨ In vacanza gli studenti ______________ (divertirsi) sicuramente.

⑩ Marta, mi ______________ (aiutare) a fare il trasloco?

ANSWER

1. ① parlerei ② scriverei ③ finirei ④ mangiò ⑤ sentono ⑥ cercano ⑦ giocherei ⑧ andrebbero ⑨ veniranno ⑩ daremmo ⑪ faremmo ⑫ berresti ⑬ direbbe ⑭ sarei ⑮ avessi
2. ① darà ② si incontreranno ③ berremo ④ andrete ⑤ uscirà ⑥ cucinerò ⑦ farete ⑧inizieremo ⑨ si divertiranno ⑩ aiuterai

Esercizio

3. 다음의 동사 중 알맞은 직설법 미래시제(단순미래/선립미래) 동사를 넣으시오.

① Sono sicuro che, dopo che tu ____________________ (frequentare) quel corso, capirai meglio la lingua italiana.

② Dopo che noi ____________________ (fare) le valigie, chiameremo un taxi.

③ Lui mi ____________________ (telefonare) quando sarà pronto.

④ Hanno bussato ma non aspettavo nessuno. Chi ____________________ (essere)?

⑤ Qualcuno ha scritto con la penna sulla parete. Chi ____________________ (essere)?

⑥ Non ti perdonerò sino a quando non mi ____________________ (dire) tutta la verità.

⑦ Pagherò quando il meccanico ____________________ (finire) tutto il lavoro e la mia macchina funzionerà di nuovo.

⑧ Appena ____________________ (trovare) una nuova casa, mandaci il tuo indirizzo!

⑨ Sono in ritardo! Quando ____________________ (arrivare), la lezione sicuramente sarà già cominciata!

⑩ Siamo in ritardo! Quando arriveremo, sicuramente il professore ____________________ (cominciare) la lezione.

ANSWER 3. ① avrai frequentato ② avremo fatto ③ telefonerà ④ sarà ⑤ sarà stato ⑥ avrai detto ⑦ avrà finito ⑧ avrai trovato ⑨ arriverò ⑩ avrà già cominciato

13

AVVERBIO

부사

13 부사

Avverbio

부사는 동사나 형용사, 부사 혹은 전치사구와 같은 보어나 문장 전체를 수식할 때 쓰이며 형태가 불변한다는 특징을 갖고 있다. 문장 내에서의 위치는 수식하는 문장성분의 선후에 위치하며, 부사에 따라 동사를 선행하거나 후행해야 만 하는 종류가 있으므로 주의해야 한다.

1. 부사의 종류

1.1 양태부사

화자의 태도를 나타내는 문장 부사로 문장 전체나 동사를 수식하는 기능을 하며, 다음과 같은 형태로 구분할 수 있다.

① 어미가 –mente로 끝나는 부사들

이러한 형태를 갖는 부사들은 형용사의 마지막 모음이 –o로 끝나는 것들은 –o → -a로 마지막 모음을 바꾸고 부사형 어미인 –mente를 결합시켜 완성된다.

chiaro (명백한)
→ chiaramente (명백하게)

successivo (다음의, 연속적인)
→ successivamente (다음으로, 연속적으로)

coloroso (다채로운)
→ colorosamente (다채롭게)

마지막 모음이 –e로 끝나는 형용사들 경우에 따라 어미의 변형 없이 부사형 어미 –mente를 결합시켜 부사를 만들거나 형용사의 마지막이 –le로 끝나는 경우는 –e를 탈락시키고 –mente를 결합시켜 부사를 만들 수 있다.

veloce (빠른)
→ velocemente (빠르게)

recente (최근의)
→ recentemente (최근에)

agevole (용이한, 쉬운)
→ agevolmente (용이하게)

facile (쉬운)
→ facilmente (쉽게)

② 어미가 -oni로 끝나는 부사들

어미가 -oni로 끝나는 부사들이 존재하나 많이 쓰이지는 않는다.

ginocchioni (무릎을 꿇고서)

bocconi (머리를 숙이고서)

ruzzoloni (구르며)

tentoni (손으로 더듬어, 닥치는대로)

penzoloni (매달려서)

ciondoloniz (흔들거리면서)

③ 그 밖의 형태들

bene (좋게)

male (나쁘게)

almeno (적어도)

attento (주의 깊게)

così (그렇게)

volentieri (기꺼이)

purtroppo (불행하게도)

sottovoce (작은 소리로)

senz'altro (반드시)

④자질형용사

다음과 같은 동사 뒤에 보어로서 남성단수형태의 자질형용사가 불변으로 부사처럼 쓰이는 경우. 이 경우는 부사로 쓰인 자질형용사가 보어로서 동사의 의미를 완성시키는 역할을 한다.

Parlare *chiaro*
(명확히 말하다)
=parlare *chiaramente*

Guardare *storto*
(비뚤게 보다)
=guardare *stortamente*

Rispondere *giusto*
(올바르게 대답하다)
=rispondere *giustamente*

⑤ 전치사와 결합한 부사구

in ritardo (늦게)

da sempre (항상)

di sicuro (안전히)

di solito (보통)

all'impazzata (격노하여)

faccia a faccia (얼굴을 대면하여)

per interesse (흥미로)

in un batter d'occhio (빠르게)

con piacere (기꺼이)

per caso (우연히)

in fretta (서둘러)

a più non posso (최대한으로, 전력을 다해)

di nascosto (숨겨서)

di persona (개인적으로)

a vicenda (서로)

di corsa (서둘러)

a casaccio (무작위로)

1.2 장소부사

행동이나 어떠한 일이 이루어지는 장소를 가리킬 때 쓰이는 부사로 거리나 방향을 나타내는 부사와 결합하여 쓰이기도 한다.

① 단독으로 쓰이는 장소부사

qui, qua (여기)

quaggiù (여기 아래에)

quassù (여기 위에)

qua sotto (여기 아래에)

qua sopra (여기 위에)

lì, là (저기, 거기)

laggiù (저기 아래에)

lassuù (저기 위에)

costì, costà(저기에, 그곳에)는 토스카나 지방을 제외하고는 현대 이탈리아어의 구어체에서는 거의 쓰이지 않는 장소부사이다. 방향을 나타내는 부사인 giù(아래에)나 sù(위에)와 결합하여 costaggiù(거기 아래에), costassù(거기 위에)와 같은 결합형 장소부사를 만들 수 있다. 이와 같은 장소 부사는 화자로부터는 멀지만 청자에게는 가깝다는 의미를 내포하고 있다.

② ci, vi, ne

소사(particella)에 속하는 ci, vi, ne 또한 대명사의 역할 외에도 장소 부사로서 쓰일 수 있다.

Ci나 vi는 'in questo luogo, in quel luogo'와 같은 장소전치사구를 대체할 수 있으며 '이 곳에서'나 '저곳에서'와 같은 의미로 쓰일 수 있다.

반면, ne는 'da questo, da quel luogo'를 대체하여 쓰이므로, '이 곳에서부터'나 혹은 '저 곳으로부터'와 같은 의미로 쓰인다.

Ci(vi) vado spesso.
(나는 그곳에 자주 간다.)

Ci(vi) vengo questo pomeriggio.
(오늘 오후에 나는 그곳에 간다.)

Me ne vado.
(나는 떠난다.) (나는 그곳/이곳으로부터 간다)

Ne sto uscendo.
(나는 이곳/그곳에서 나가는 중이다.)

③전치사와 결합한 장소부사

di qua (이쪽으로)

di là (저쪽으로)

di sopra (위로)

di sotto (아래로)

in su (위에)

in giù (아래에)

per di qua (이쪽으로, 이쪽을 통해)

per di là (저쪽으로, 저쪽을 통해)

1.3 시간부사

'지금', '오늘', '일찍'과 같은 의미를 지는 부사로 동작이나 상태의 시간을 나타내는 부사이다.

① 단독으로 쓰이는 시간부사

oggi (오늘)

domani (내일)

dopodomani (모레)

ora (지금)

adesso (지금)

subito (즉시)

prima (~전에)

dopo (~후에)

poi (후에, 뒤에)

ancora (아직)

spesso (자주)

sempre (항상)

non~mai (결코 ~않다)

ormai (이미)

già (이미)

presto (일찍)

tardi (늦게)

talora (때때로)

finora (지금까지)

② 전치사와 결합한 시간부사

un giorno (언젠가)

di quando in quando (때때로)

d'un tratto (한순간)

di botto (한순간)

tutt'a un tratto (한순간)

in un batter d'occhio (한순간)

nel frattempo (그동안)

di buon'ora (일찍)

in tempo (제시간에)

per tempo (제시간에)

1.4 판단부사

판단부사란 확언을 하거나, 부정을 할 때, 혹은 의심할 때 문장 상에서 쓰일 수 있는 부사이다.

① 단독으로 쓰이는 판단부사

❯ 확언

certo (확실히)

certamente (확실히)

sicuro (확실히)

sicuramente (확실히)

proprio (정확히, 꼭)

appunto (정확히, 꼭)

부정

non (~않다)

neanche (~조차~않다)

nemmeno (~조차~않다)

neppure (~조차~않다)

Non은 항상 주어의 인칭과 시제에 따라 굴절한 동사의 앞에 위치하는 것이 원칙이다.

부정을 의미를 갖고 있는 neanche, nemmeno, neppure는 동사의 뒤에 위치할 경우 부정부사인 non과 함께 온다. 만약, neanche, nemmeno, neppure가 동사의 앞에 위치하는 경우는 부정부사인 non을 함께 쓸 필요가 없다.

Non la voglio **nemmeno** vedere.
(나는 그녀를 보고 싶지 조차 않다.)

Nemmeno la voglio vedere.
(나는 그녀를 보고 싶지 조차 않다.)

의심

forse (아마도)

quasi (거의)

probabilmente (아마도)

eventualmente (아마도)

sì, no

sì와 no는 각각 긍정과 부정을 나타내는 부사로 문장을 대체하는 성질이 있어 대명사와 비슷한 성격을 지닌다.

Hai comprato il latte?
(너 우유를 샀니?)

Sì.(=l'ho comprato.)
그래. (=나는 그것을 샀어.)

No.(=non l'ho comprato.)
아니. (=나는 그것을 안 샀어.)

② 전치사와 결합한 판단부사

di sicuro (확실히)

di certo (확실히)

per l'appunto (확실히)

neanche per idea (조금도 ~않다)

neanche per sogno (조금도 ~않다)

senza dubbio (확실히)

1.5 양적부사

'많게', '적게'와 같은 양을 표현할 때 쓰일 수 있는 부사를 말한다.

① 단독으로 쓰이는 양적부사

molto (매우)

poco (적게)

tanto (많이)

troppo (너무 많이)

alquanto (조금)

altrettanto (똑같게)

parecchio (많이)

assai (많게, 엄청나게)

abbastanza (상당히)

nulla (전혀~않다)

niente (전혀~않다)

più (더)

meno (덜)

quanto (~만큼 ~한)

grandemente (많이)

appena (겨우)

양적부사로 쓰이는 molto, poco, tanto, troppo와 같은 단어들은 형용사로 명사를 꾸며주기도 하므로 주의해야 한다.

Ci sono **molte** persone. <형용사>
(많은 사람들이 있습니다.)

Lavoriamo **molto** di ricente. <부사>
(우리는 최근 많이 일하고 있다.)

Tanti Auguri! <형용사>
(생일 축하해!)

Studiano **tanto**. <부사>
(그들은 많이 공부한다.)

② 전치사와 결합한 양적부사

press'a poco (거의, 대략)

all'incirca (거의, 대략)

né più né meno (거의, 사실상)

1.6 의문부사

방법, 장소, 시간, 양이나 가치, 원인 등을 묻는 의문문의 문장 앞에 쓰인다.

quando
(언제)

Quando sei andato dal dentista?
(너는 언제 치과에 갔니?)

dove
(어디서)

Dove l'hai incontrato?
(너는 그를 어디서 만났니?)

come
(어떻게)

Come si chiama Lei?
(당신의 이름은 어떻게 되십니까?)

quanto
(얼마나)

Quanto costa?
(얼마에요?)

perché
(왜)

Perché non dici la verità?
(너는 왜 진실을 말하지 않니?)

2. 부사의 비교급과 최상급

형용사와 마찬가지로 부사도 비교급과 최상급의 표현이 존재한다. 보통은 양태부사에 속하는 부사들이 비교급과 최상급 표현이 가능하며, 몇몇 장소와 시간 부사가 가능하다.

원급	비교급	최상급
fortemente	più fortemente	fortissimo
velocemente	più velocemente	velocissimo
tardi	più tardi	tardissimo
lontano	più lontano	lontanissimo
bene	meglio	ottimamente/ benissimo
male	peggio	pessimamente/ malissimo
molto	più	moltissimo
poco	meno	pochissimo
grandemente	maggiormente	massimamente

Enrico torna a casa **tardi**.
(Enrico는 늦게 집에 돌아온다.)

Enrico torna a casa **più tardi** (di sua moglie).
(Enrico는 (그의 아내보다) 더 늦게 집에 돌아온다.)

Enrico torna a casa **tardissimo**.
(Enrico는 아주 늦게 집에 돌아온다.)

Sto **bene**.
(나는 잘 지낸다.)

Sto **meglio**.
(나는 상태가 더 나아졌다.)

Sto **benissimo**. (나는 아주 잘 지낸다.)

3. 부사의 위치

부사는 일반적으로 수식하는 단어에 인접하여 위치하는 특징을 보인다. 보통 형용사를 수식할 경우는 형용사의 앞에 부사가 위치하고, 동사를 수식할 경우는 동사의 뒤에 인접하여 위치한다. 반면, 양태부사의 경우는 문장 내에서 위치가 자유로워 다양한 순서로 배열 될 수 있다.

형용사 수식

Sono **troppo** stanca. 나는 너무 피곤하다.

Questo piatto è **molto** buono. 이 음식은 매우 맛있습니다.

동사 수식

I nonni abitano **lotano**. 조부모님은 멀리 사십니다.

È **tardi**. 늦었다.

양태부사

Luigi guida la macchina **velocemente**.
(Luigis는 자동차를 빨리 운전한다.)

Luigi guida **velocemente** la macchina.

Luigi **velocemente** guida la macchina.

시간부사

Adesso, presto, oggi, domani, dopodomani, ora, prima, dopo, spesso와 같은 시간부사는 문장 내에서의 위치가 자유롭다.

Adesso arriviamo a casa.
(지금 우리는 집에 도착한다.)

Arriviamo **adesso** a casa.

Arriviamo a casa **adesso**.

Domani parto per Venezia.
(나는 내일 베네치아로 출발한다.)

Parto **domani** per Venezia.

Parto per Venezia **domani**.

주의

tardi, già, subito, ancora, sempre와 같은 시간부사는 항상 동사 뒤에 와야만 한다.

Ho **già** guardato quel film.
(나는 이미 그 영화를 봤다.)

Abbiamo **sempre** desiderato viaggiare in Francia.
(우리는 항상 프랑스를 여행하기를 바랬다.)

Vieni **subito** a casa!
(즉시 집으로 와라!)

주의

ormai는 보통 동사의 앞에 위치한다.

Ormai è troppo tardi.
(이미 너무 늦었다.)

Ormai Anna era a casa.
(이미 Anna는 집에 있었다.)

Esercizio

1. 다음의 형용사를 부사로 바꾸시오.

① dolce →

② sicuro →

③ forte →

④ giusto →

⑤ rumoroso →

⑥ confuso →

⑦ allegro →

⑧ felice →

⑨ parziale →

⑩ normale →

2. 다음의 빈칸에 알맞은 부사를 넣으시오.

보기 *mai, ancora, già, presto, adesso*

① Lavoro ______________ in Francia.

② Non abbiamo ______________ tempo.

③ Sono ______________ le otto.

④ Gianni arriva ______________.

⑤ ______________ arriviamo.

3. 다음의 빈칸에 알맞은 부사를 넣으시오.

보기 *Subito, sempre, ormai, poi*

① ______________ arriviamo.

② Sono ______________ in giardino.

③ ______________ è tardi.

④ Prima lavoriamo, ______________ uscia-mo.

ANSWER 1. ① dolcemente ② sicuramente ③ fortemente ④ giustamente ⑤ rumorosamente ⑥ confusamente ⑦ allegramente ⑧ felicemente ⑨ parzialmente ⑩ normalmente
2. ① ancora ② mai ③ già ④ presto ⑤ adesso
3. ① subito ② sempre ③ ormai ④ poi

14

GRADO COMPARATIVO E SUPERLATIVO

비교급과 최상급

14 비교급과 최상급

Grado Comparativo e Superlativo

비교급과 최상급 표현은 형용사나 부사를 사용하여 어떤 대상을 비교할 때 쓰이며, 우등비교, 열등비교, 동등비교가 있다. 최상급은 비교 대상 중에서 성질이나 상태의 정도가 가장 클 때 쓰이는 표현으로 형용사나 부사의 어미에 -issimo와 같은 접미사가 붙어 표현된다는 특징이 있다.

1. 비교급

1.1 두 가지의 명사나 대명사 사이의 비교

비교 대상으로서 명사나 대명사가 와서 그 둘 중의 우열을 가리거나 동등 비교 하는 것을 일컫는다. 문장의 구조는 우등, 열등, 동등 비교에 따라 다음과 같은 어순으로 이루어진다.

① 우등비교: A가 B보다 더 ~하다.

a. A(비교대상) + essere + più + 형용사 + di + B(비교대상)
b. A(비교대상) + 동사 + più + di + B(비교대상)

우등비교는 동사에 따라 두 가지 타입으로 나눌 수 있다. 하나는 essere 동사처럼 뒤에 보어로서 형용사가 오는 경우이고, 또 다른 하나는 동사의 의미를 보충해 주는 보어의 역할로 형용사가 필요하지 않은 동사들이 와서 형용사 없이 쓰이는 경우이다. 두 경우 모두 동사 뒤에 '더'라는 뜻의 più가 위치하고 비교대상 앞에 전치사 di를 사용하여 우등비교 문장을 완성할 수 있다.

Anna è più alta di suo fratello.
(Anna는 그녀의 오빠보다 키가 크다.)

La mamma è più simpatica del papà.
(엄마는 아빠보다 더 상냥하다.)

Carlo pesa più di Antonio.
(Carlo는 Antonio보다 더 체중이 나간다.)

Marco lavora più di Paolo.
(Marco는 Paolo보다 더 많이 일 한다.)

② 열등비교: A가 B보다 덜 ~하다.

a. A(비교대상) + essere + meno + 형용사 + di + B(비교대상)
b. A(비교대상) + 동사 + meno + di + B(비교대상)

열등비교는 동사에 따라 두 가지 타입으로 나눌 수 있다. 하나는 essere 동사처럼 뒤에 보어로서 형용사가 오는 경우이고, 또 다른 하나는 동사의 의미를 보충해주는 보어의 역할로 형용사가 필요하지 않은 동사들이 와서 형용사 없이 쓰이는 경우이다. 두 경우 모두 동사 뒤에 '덜'이라는 뜻의 meno가 위치하고 비교대상 앞에 전치사 di를 사용하여 열등비교 문장을 완성할 수 있다.

Anna è meno alta di suo fratello.
(Anna는 그녀의 오빠보다 키가 덜 크다.)

La mamma è meno simpatica del papà.
(엄마는 아빠보다 덜 상냥하다.)

Carlo pesa meno di Antonio.
(Carlo는 Antonio보다 덜 체중이 나간다.)

Marco lavora meno di Paolo.
(Marco는 Paolo보다 적게 일 한다.)

③ 동등비교: A만큼 B가 ~하다.

a. A(비교대상) + essere + 형용사 + quanto + B(비교대상)
b. A(비교대상) + 동사 + quanto + B(비교대상)

동등비교는 동사에 따라 두 가지 타입으로 나눌 수 있다. 하나는 essere 동사처럼 뒤에 보어로서 형용사가 오는 경우이고, 또 다른 하나는 동사의 의미를 보충해주는 보어의 역할로 형용사가 필요하지 않은 동사들이 와서 형용사 없이 쓰이는 경우이다. 두 경우 모두 동사와 비교대상 사이에 '~만큼'이란 뜻의 quanto를 사용하여 동등비교 문장을 완성할 수 있다. 이때 quanto는 come로 대체 가능하다.

Anna è alta quanto suo fratello.
(Anna는 그녀는 그녀의 오빠만큼 키가 크다.)

La mamma è simpatica quanto il papà.
(엄마는 아빠만큼 상냥하다.)

Carlo pesa quanto Antonio.
(Carlo는 Antonio만큼 체중이 나간다.)

Marco lavora quanto Paolo.
(Marco는 Paolo만큼 일 한다.)

1.2 두 가지의 형용사나 동사 사이의 비교

비교 대상으로서 형용사나 동사가 와서 그 둘 중의 우열을 가리거나 동등 비교 하는 것을 일컫는다. 문장의 구조는 우등, 열등, 동등 비교에 따라 다음과 같은 어순으로 이루어진다.

① 우등비교: a. S는 B보다는 더 A하다.
b. A가 B보다 더 ~하다.

a. 주어(S) + essere + più + A(형용사) + che + B(형용사)
b. È + più + 형용사 + A(동사) + che + B(동사)

두 개의 형용사나 동사를 비교하는 문장은 두 가지 타입으로 나눌 수 있다. 하나는 두 개의 형용사를 비교하는 a와 같은 경우이고, 또 다른 하나는 b에서 처럼 두 개의 동사를 비교하는 경우이다. b의 경우는 A(동사)가 동사원형으로 쓰여 문법 상의 주어 역할을 하기 때문에 **A(동사) + è + più + 형용사 + che + B(동사)**의 어순도 가능하다. 그리고 동사원형이 문법상의 주어 역할을 하기 때문에 이 경우에는 essere동사의 3인칭 단수형 è가 쓰이게 된다. a와 b의 경우 모두 동사의 뒤에 '더'의 의미를 갖는 più가 오며, 비교대상 사이에는 '~보다'라는 의미로 che가 위치한다.

Questo vestito è più bello che comodo.
(이 옷은 편하기 보다는 더 아름답다.)

La ragazza è più simpatica che intelligente.
(그 소녀는 똑똑하다기 보다는 더 상냥하다.)

È più divertente viaggiare che studiare.
(여행하는 것은 공부하는 것보다 더 재미있다.)

Viaggiare è più divertente che studiare.
(여행하는 것은 공부하는 것보다 더 재미있다.)

È più interessante imparare la lingua straniera che studiare la matematica.
(외국어를 배우는 것이 수학을 공부하는 것보다 더 흥미롭다.)

Imparare la lingua straniera è più interessante che studiare la matematica.
(외국어를 배우는 것이 수학을 공부하는 것보다 더 흥미롭다.)

② 열등비교: a. S는 B보다는 덜 A하다./ b. A가 B보다 덜 ~하다.

a. 주어(S) + essere + meno + A(형용사) + che + B(형용사)
b. È + meno + 형용사 + A(동사) + che + B(동사)

두 개의 형용사나 동사를 비교하는 문장은 두 가지 타입으로 나눌 수 있다. 하나는 두 개의 형용사를 비교하는 a와 같은 경우이고, 또 다른 하나는 b에서 처럼 두 개의 동사를 비교하는 경우이다. b의 경우는 A(동사)가 동사원형으로 쓰여 문법 상의 주어 역할을 하기 때문에 **A(동사) + è + meno + 형용사 + che + B(동사)**의 어순도 가능하다. 그리고 동사원형이 문법상의 주어 역할을 하기 때문에 이 경우에는 essere동사의 3인칭 단수형 è가 쓰이게 된다. a와 b의 경우 모두 동사의 뒤에 '덜'의 의미를 갖는 meno가 오며, 비교대상 사이에는 '~보다'라는 의미로 che가 위치한다.

L'inverno è meno umido che freddo.
(겨울은 춥다기 보다는 덜 습하다.)

La ragazza è meno intelligente che pigra.
(그 소녀는 게으르다기 보다 덜 똑똑하다.)

È meno divertente viaggiare che studiare.
(여행하는 것은 공부하는 것보다 덜 재미있다.)

Viaggiare è meno divertente che studiare.
(여행하는 것은 공부하는 것보다 덜 재미있다.)

È meno interessante imparare la lingua straniera che studiare la matematica.
(외국어를 배우는 것이 수학을 공부하는 것보다 덜 흥미롭다.)

Imparare la lingua straniera è meno interessante che studiare la matematica.
(외국어를 배우는 것이 수학을 공부하는 것보다 덜 흥미롭다.)

③ 동등비교: S는 B만큼 A하다.

a. 주어(S) + essere + (tanto) + A(형용사) + quanto + B(형용사)
b. È + (tanto) + 형용사 + A(동사) + quanto + B(동사)

하나의 대상을 두 가지의 성질을 갖고 동등비교를 할 경우 '~만큼 ~하다'란 뜻의 tanto~quanto~를 각각 A와 B에 선행하여 위치시킨다. tanto는 대체로 생략하여 많이 쓰며, quanto는 come로 대체하여 쓸 수 있다.

L'inverno è (tanto) umido quanto freddo.
(겨울은 추운 만큼 습하다.)

La ragazza è (tanto) intelligente quanto studiosa.
(그 소녀는 열심히 공부하는 만큼 똑똑하다.)

Viaggiare è (tanto) divertente quanto studiare.
(여행하는 것은 공부하는 것만큼 재미있다.)

2. 양적 비교

비교급의 구문을 만들 때는 비교 대상(품사)이 무엇인지에 따라 문장의 구조가 달라진다. 앞서 설명한 1.1과 1.2와 같은 질적비교(comparativo di qualità)의 경우는 형용사나 부사가 비교대상이 되고, 행위비교(comparativo d'azione)의 경우에는 동사가 비교대상이 된다. 반면, 양적 비교란 비교 대상이 명사로 타동사의 목적어로 쓰인 명사끼리의 비교를 말한다. 목적어로 쓰인 명사 사이의 비교에는 che라는 접속사가 쓰인다는 특징이 있다. 문장의 구조는 우등, 열등, 동등 비교에 따라 다음과 같은 어순으로 이루어진다.

① 우등비교: B보다 A를 더 ~하다.

주어(S) + 동사 + più + A(명사) + che + B(명사)

Conosco più ragazzi che ragazze.
(나는 소녀들보다 소년들을 더 많이 안다.)

Mangio più carne che verdura.
(나는 채소보다 고기를 더 많이 먹는다.)

② 열등비교: B보다 A를 덜 ~하다.

주어(S) + 동사 + meno + A(명사) + che + B(명사)

Conosco meno ragazzi che ragazze.
(나는 소녀들보다 소년들을 덜 안다.)

Mangio meno carne che verdura.
(나는 채소보다 고기를 덜 먹는다.)

③ 동등비교: B만큼 A를 ~하다.

주어(S) + 동사 + tanto/a/i/e + A(명사) + quanto/a/i/e + B(명사)

동등비교의 경우 쓰이는 tanto와 quanto는 수식해주는 명사의 성과 수에 따라 성수 일치하여 마지막 모음이 변하므로 주의해야 할 필요가 있다.

Conosco tanti ragazzi quante ragazze.
(나는 소녀들만큼 소년들을 안다.)

Gli italiani prendono tanti caffè quanti vini.
(이탈리아 사람들을 와인만큼 커피를 마신다.)

❶ 주의

만약 비교대상이 되는 명사가 하나인 경우, tanto~quanto~의 구문에서 quanto는 남성단수의 형태로 쓰거나 비교대상인 명사의 성과 수에 일치시킨다.

Gli italiani leggono tante riviste quanto/quante i coreani.
(이탈리아사람들은 한국사람들만큼 많은 잡지책을 읽는다.)

I ragazzi comprano tanti fiori quanto/quanti le ragazze.
(소년들은 소녀들만큼 꽃을 많이 산다.)

3. 상대적 최상급

상대적 최상급이란 비교대상이 되는 그룹이 존재하고 그 중 '가장 ~하다.'라는 최상급 비교를 하는 것이다. 앞서 배운 우등비교나 열등비교와의 가장 큰 차이점으로는 형용사나 명사 앞에 정관사가 쓰인다는 점이다. 비교대상 앞에는 '~중에서'라는 뜻의 전치사인 di, fra, tra가 올 수 있으며, 만약 비교대상 뒤에 절이 올 경우에는 che + 접속법 구문이 온다. 문장의 구조는 우등, 열등, 동등 비교에 따라 다음과 같은 어순으로 이루어진다.

① 우등비교: S는~중에서 가장 ~하다.

주어(S) + essere + 정관사 + 명사 + più + 형용사 + di + 비교대상/che + 접속법구문
주어(S) + essere + 정관사 + più + 형용사 + 명사 + di + 비교대상/che + 접속법구문

Alfredo è il ragazzo più intelligente di tutti.
(Alfredo는 모든 사람들 중에 가장 똑똑하다.)

È la donna più ricca fra noi.
(그녀는 우리 중 가장 부자이다.)

Il clima è più umido di tutta la Corea del Sud.
(한국 전체 중에 가장 습한 기후이다.)

Questa piazza è la più sporche di tutte.
(이 해변은 모든 해변 중에 가장 더럽다.)

Questo libro è il più bel romanzo che abbia letto.
(이 책은 내가 읽은 것 중 가장 훌륭한 소설이다.)

② 열등비교: S는~중에서 가장 덜 ~하다.

주어(S) + essere + 정관사 + 명사 + meno + 형용사 + di + 비교대상/che + 접속법구문
주어(S) + essere + 정관사 + meno + 형용사 + 명사 + di + 비교대상/che + 접속법구문

Alfredo è il ragazzo meno intelligente di tutti.
(Alfredo는 모든 사람들 중에 가장 덜 똑똑하다.)

È la donna meno ricca fra noi.
(그녀는 우리 중 가장 덜 부자이다.)

Il clima è meno umido di tutta la Corea del Sud.
(한국 전체 중에 가장 덜 습한 기후이다.)

Questa piazza è la meno sporche di tutte.
(이 해변은 모든 해변 중에 가장 덜 더럽다.)

Questo libro è il meno bel romanzo che abbia letto.
(이 책은 내가 읽은 것 중 가장 덜 훌륭한 소설이다.)

4. 절대적 최상급

질적 형용사나 부사의 최상급을 표현하는 것으로 형용사나 부사의 어미에 최상급 표현인 -issimo를 붙이거나 형용사나 부사 앞에 '매우'란 뜻의 molto, tanto, assai와 같은 부사가 오는 것이 특징이다. 어미에 -issimo가 붙은 형용사나 부사 앞에 molto, tanto, assai와 같은 부사는 함께 올 수 없으므로 주의해야 한다.

Roberto è un uomo molto ricco.
(Roberto는 매우 부자인 사람이다.)

Roberto è un uomo ricchissimo.
(Roberto는 매우 부자인 사람이다.)

Marco è molto intelligente.
(Marco는 매우 똑똑하다.)

Marco è intelligentissimo.
(Marco는 매우 똑똑하다.)

Anna è molto magra.
(Anna는 매우 말랐다.)

Anna è magrissima.
(Anna는 매우 말랐다.)

Sto molto bene.
(나는 매우 잘 지낸다.)

Sto benissimo.
(나는 매우 잘 지낸다.)

Mi piace molto.
(나는 그것을 매우 좋아한다.)

Mi piace moltissimo.
(나는 그것을 매우 좋아한다.)

5. 원급/비교급/상대적 최상급/절대적 최상급

형용사가 비교급이나 상대적 최상급, 절대적 최상급 표현이 되면, **più + 형용사 혹은 정관사 + più + 형용사** 원급의 형태가 아니라, 불규칙하게 형용사가 변하는 것들이 존재한다. 아래의 표는 형용사가 비교급과 최상급 표현이 되면, 형태가 변하는 불규칙 형용사들이다.

원급	비교급	상대적 최상급	절대적 최상급
buono	migliore più buono	il migliore il più buono	ottimo buonissimo
cattivo	peggiore più cattivo	il peggiore il più cattivo	pessimo cattivissimo
grande	maggiore più grande	il maggiore il più grande	massimo grandissimo
piccolo	minore più piccolo	il minore il più piccolo	minimo piccolissimo
alto	superiore più alto	il superiore il più alto	supremo altissimo
basso	inferiore più basso	l'inferiore il più basso	infimo bassissimo

È il migliore di tutti.
(그는 모든 사람들 중에서 가장 훌륭하다.)

Sono riuscita a ottenere il massimo risultato con il minimo sforzo.
(나는 가장 적은 노력으로 최고의 결과를 얻는 것에 성공했다.)

Luigi è il fratello maggiore di Paola.
(Luigi는 Paola의 오빠이다.)

Michele è il fratello minore di Riccardo.
(Michele는 Riccardo의 동생이다.)

Sono di pessimo umore.
(나는 기분이 최악이다.)

Esercizio

1. 다음의 주어진 단어를 사용하여 우등비교구문을 만드시오.

① Roma / caotico / Milano

➜

② Dormire / interessante / viaggiare

➜

③ L'insalata / sano / le patatine fritte

➜

④ Il Mare Adriatico / profondo / Oceano Indiano

➜

⑤ Vivere a New York City / costoso / vivere a Bologna

➜

2. 다음의 주어진 단어를 사용하여 열등비교구문을 만드시오.

① L'aria a Napoli / inquinato / l'aria a Genova

➜

② La Cinquecento / la Ferrari / veloce

➜

③ Gli studenti di NYU / studioso / gli studenti di Princeton

➜

④ Le scarpe con il tacco / comodo / le scarpe da tennis

➜

⑤ Dormire / interessante / viaggiare

➜

ANSWER

1. ① Roma è più caotica di Milano. ② Dormire è meno interessante che viaggiare. ③ L'insalata è più sana delle patatine. ④ Il Mare Adriatico è più profondo dell'Oceano Indiano. ⑤ Vivere a New York City è più costoso che vivere a Bologna.
2. ① L'aria a Napoli è meno inquinata dell'aria a Genova. ② La Ciquecento è meno veloce della Ferrari. ③ Gli studenti di NYU sono meno studiosi degli studenti di Princeton. ④ Le scarpe con il tacco sono meno comode delle scarpe da tennis. ⑤ Dormire è meno interessante che viaggiare.

Esercizio

3. 다음의 주어진 단어를 사용하여 상대적 최상급 구문을 만드시오.

① Luigi / studente / bravo / classe

② La matematica / difficile / materie

③ Il raffreddore / fastidioso / le malattie

④ Andrea Bocelli / cantante italiano / celebre

⑤ La metropolitana / mezzo di trasporto / affollato / tutti

⑥ Il golf / sport / noioso / tutti

⑦ Andrea / vecchio / fratelli

① ➜

② ➜

③ ➜

④ ➜

⑤ ➜

⑥ ➜

⑦ ➜

4. 다음의 주어진 형용사를 상대적 최상급과 절대적 최상급으로 바꾸시오. .

① Dolce ______ ______

② Bravo ______ ______

③ Importante ______ ______

④ Simpatico ______ ______

⑤ Romantico ______ ______

⑥ Alto ______ ______

⑦ Basso ______ ______

⑧ Studioso ______ ______

⑨ Intelligente ______ ______

⑩ Elegante ______ ______

ANSWER 3. ① il più dolce | dolcissimo ② il più bravo | bravissimo ③ il più importante | importantissimo ④ il più simpatico | simpaticissimo ⑤ il più romantico | romanticissimo ⑥ il più alto | altissimo ⑦ il più basso | bassissimo ⑧ il più studioso | studiosissimo ⑨ il più intelligente | intelligentissimo ⑩ il più elegante | elegantissimo

Promemoria

저자소개

INFORMAZIONI SULL'AUTRICE

조성윤

한국외국어대학교 이탈리아어과 및 동 대학원을 졸업하였으며, 이탈리아 국립 베네치아 카포스카리 대학교에서 언어학 박사학위를 취득했습니다. 현재 한국외국어대학교에서 강의하고 있으며, "슈퍼 스타 이탈리아어 첫걸음", "국가대표 이탈리아어 단어정복자" 등 이탈리아어 문법&어휘 책과 다수의 번역서를 출간했습니다.

ITALIANO ESSENZIALE 01

이탈리아어 문법 I

초판 1쇄 발행	2019년 11월 18일
초판 2쇄 발행	2023년 8월 30일
지은이	조성윤
발행인	고윤성
기획	신선호, 박경민
편집장	장혜정
도서편집	노재은, 변다은
디자인	정정은, 김대욱, 최재영
캐릭터	변혜준
인사행정	이근영
재무회계	김문규, 정예찬
전자책 · 사전	변다은
발행처	한국외국어대학교 지식출판콘텐츠원 02450 서울특별시 동대문구 이문로 107 전화 02)2173-2494~7 팩스 02)2173-3363 홈페이지 http://press.hufs.ac.kr 전자우편 press@hufs.ac.kr 출판등록 제6-6호(1969. 4. 30)
디자인 · 편집	(주)이환디앤비 02)2254-4301
인쇄 · 제본	(주)케이랩 053)583-6885

ISBN 979-11-5901-639-4 (94780) 정가: 19,000원
ISBN 979-11-5901-638-7 (세트)

*잘못된 책은 교환하여 드립니다.

HUINE은 한국외국어대학교 지식출판콘텐츠원의 어학도서, 사회과학도서, 지역학 도서 Sub Brand이다. 한국외대의 영문명인 HUFS, 현명한 국제전문가 양성(International +Intelligent)의 의미를 담고 있으며, 휴인(携引)의 뜻인 '이끌다, 끌고 나가다'라는 의미처럼 출판계를 이끄는 리더로서, 혁신의 이미지를 담고 있다.